J.-J. ORDINAIRE.

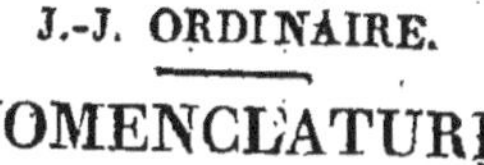

NOMENCLATURE COMPLÉMENTAIRE.

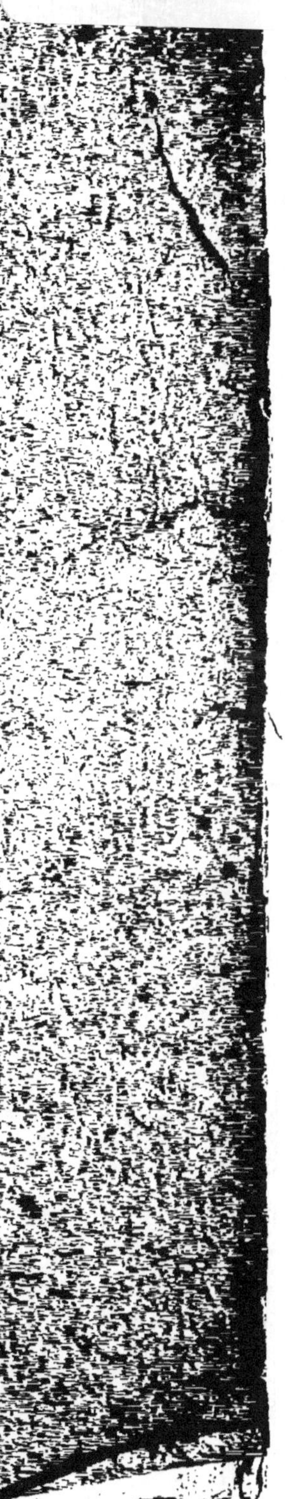

NOMENCLATURE

COMPLÉMENTAIRE.

OUVRAGES RELATIFS A LA MÉTHODE

de M. J.-J. ORDINAIRE, *qui se trouvent chez les mêmes libraires.*

MÉTHODE pour l'Enseignement des Langues, par M. J.-J. ORDINAIRE, deuxième édition, 1 vol. in-12. *Sous presse.*

MANUEL de l'Instituteur pour l'application de la Méthode; deuxième édition, 1 vol. in-12. *Sous presse.*

TABLEAUX de Désinences et de Nomenclatures d'après la Méthode, 129 feuilles. . . . . 32 fr.

N. B. Un seul exemplaire suffit à une école quelque nombreuse qu'elle soit.

LIVRET de Désinences, contenant les déclinaisons, les conjugaisons et les règles de la syntaxe latine; troisième édition, 1 vol. in-12. 1 fr. 50 c.

NOMENCLATURE de l'*Epitome historiæ sacræ*; troisième édition, 1 vol. in-12. . . . . 1 fr. 50 c.

NOMENCLATURE complémentaire, contenant les mots du *De Viris*, de *Phèdre* et de *Cornelius Nepos*, 1 vol. in-12. . . 1 fr. 50 c.

NOMENCLATURE du *De Viris illustribus Romæ*, mise dans un ordre conforme à la méthode de M. J.-J. Ordinaire, par MM. Michelot et Bessières, 1 vol. in-12. . . . . 1 fr. 50 c.

NOMENCLATURE des *Fables de Phèdre*, par les mêmes, 1 vol. in-12. 1 fr. 25 c.

NOMENCLATURE de *Cornelius Nepos*, par les mêmes, 1 vol. in-12. 1 fr. 25 c.

NOMENCLATURE *d'Initiatifs et de Terminatifs latins*, pour l'usage des élèves qui suivent la méthode de M. J.-J. ORDINAIRE, 1 vol. in-12. . . . . 1 fr. 50 c.

RACINES GRECQUES, classées dans l'ordre de leurs désinences par A. Taillefer, précédées de considérations sur l'analogie et sur la mémoire, par M. J.-J. Ordinaire, 1 vol. in-12 . . 2 fr. 50 c.

NOMENCLATURE

COMPLÉMENTAIRE,

DISPOSÉE DANS UN ORDRE CONFORME A LA MÉTHODE

DE M. J.-J. ORDINAIRE,

et contenant les mots extraits

DU DE VIRIS, DE PHÈDRE

ET DE CORNELIUS NEPOS.

PARIS.

JULES RENOUARD,
LIBRAIRE, RUE DE TOURNON,
N° 6.

LOUIS COLAS,
LIBRAIRE, RUE DAUPHINE,
N° 32.

1827.

AVERTISSEMENT.

Lorsque, par l'emploi des premiers exercices prescrits par la méthode, les enfans ont appris la signification des mots extraits de l'*Epitome*, et qu'ils ont acquis la connaissance des désinences de la langue latine, il faut, en leur mettant entre les mains le texte de l'*Epitôme* et à mesure qu'ils l'expliquent, leur faire répéter sur la proposition latine les exercices auxquels ils ont dû être antérieurement soumis sur la proposition française, de manière à ce que l'analyse logique et l'analyse grammaticale leur deviennent peu-à-peu familières dans les deux langues.

Mais, tout en commençant l'explication de l'*Epitome* dont le texte doit être successivement et partiellement reproduit par les enfans, il faut leur préparer les moyens de continuer le même mode d'exercice sur le *de Viris*, *Phèdre* et *Cornelius*, auteurs qu'ils doivent expliquer ensuite et reproduire en latin.

Pour atteindre à ce but, deux routes se présentent, dans lesquelles l'enfant ne doit pas être arbitrairement engagé. S'il est très jeune ou que des raisons tirées, soit de la faiblesse de sa santé, soit de celle de son intelligence exigent des ménagemens particuliers, il est convenable d'employer les nomenclatures partielles des auteurs qu'on vient de nommer, nomenclatures rédigées par M. Michelot * et très appropriées à cette classe d'élèves.

Mais si l'enfant n'offre ni par son état de santé ni par celui de son intelligence des raisons d'employer cette suite de nomenclatures qui pourraient alors ralentir sa marche, dès qu'il commencera l'explication de l'*Epitome*, on lui donnera pour leçons journalières cette nomenclature complémentaire, offrant dans une seule et même classification les mots extraits du ***de Viris***, de ***Phèdre*** et de ***Cornelius*** qui ne se trouvent pas dans l'***Epitome***.

On n'a retranché que les noms de villes, contrées, les adjectifs formés de ces noms et un petit nombre de substantifs dont l'analogie avec leurs corrélatifs français est telle qu'il est im-

* Voyez ci-dessus page II, en regard du titre.

possible à l'élève de ne pas en concevoir la signification.

On a eu soin de placer les *dérivés* sous le *primitif* qui sert à les former, et d'introduire même ce primitif quand il ne se trouve pas dans les trois auteurs cités.

Enfin, lorsque ce primitif appartient à une autre classe que celle de ses dérivés on a cru devoir, par un astérisque, le reproduire au bas de la page.

Ces dispositions ont pour but de préparer les élèves aux exercices qu'ils doivent faire subséquemment sur la composition des mots latins, sur la valeur des initiatifs et des terminatifs.

NOMENCLATURE

COMPLÉMENTAIRE.

NOMS SUBSTANTIFS.

Première Déclinaison. — (1)

(Ier TABLEAU. — *ROSA.*)

NOMS FÉMININS.

Radical.	*Désinences.*	
Act-	a	côte, rivage.
Al-	a	aile d'oiseau; aile d'armée.
Alap-	a	soufflet.
Ale-	a	jeu de hasard, sort; danger.
Alg-	a	algue, plante marine.
Amit-	a	tante du côté maternel.
Amphor-	a	amphore, cruche.
Anchor-	a	ancre de navire; refuge.
Ancill-	a	servante.
Angusti-	a	disette, détresse; défilé.
Apothec-	a	garde-manger, cave; boutique.
Aquil-	a	aigle (oiseau), enseigne militaire.
Arane-	a	araignée, toile d'araignée.
Arc-	a	aire, place publique, cour.
Aren-	a	sable, gravier; rivage.
Argentari-	a	banque, commerce d'argent.
Arguti-	a	raisonnement captieux, argutie.
Armatur-	a	armure, armes.
Astuci-	a	adresse, fourberie, astuce.
Audaci-	a	audace, hardiesse, présomption.
Aur-	a	vent, air; faveur.
Balist-	a	baliste (machine de guerre).
Blanditi-	a	caresse, flatterie.
Brum-	a	hiver.
Bull-	a	petite bouteille; ornement des triomphateurs et des enfans des patriciens.

Première Déclinaison. — (1)

(Ier TABLEAU. — *ROSA.*)

NOMS FÉMININS.

Radical.	*Désinences.*	
Capell-	a	petite chèvre; chapelle.
Cas-	a	case, cabane, chaumière.
Caterv-	a	troupe.
Cathedr-	a	siège, chaise, chaire.
Centuri-	a	centurie, compagnie de cent hommes.
Cer-	a	cire; tablettes; portrait.
Cicad-	a	cigale, sauterelle.
Ciconi-	a	cigogne (oiseau).
Clausul-	a	conclusion, terme, clause.
Clav-	a	massue, levier.
Client-	a	cliente, vassale.
Colubr-	a	serpent, couleuvre.
Conch-	a	coquille, conque.
Copul-	a	lien, courroie, nœud.
Coron-	a	couronne; cercle, assemblée.
Crepid-	a	chaussure grossière.
Cret-	a	craie, céruse.
Crumen-	a	bourse.
Culcit- / Culcitr-	a	lit, matelas, oreiller.
Curi-	a	division du peuple romain; temple; sénat; barreau.
Custodi-	a	conservation; sentinelle; prison.
Dementi-	a	démence, folie, égarement.
Decuri-	a	décurie (nombre de dix hommes).
Dictatur-	a	dictature (dignité romaine).
Diphab-	a	pourpre, robe de pourpre.
Fallaci-	a	fourberie, tromperie.
Fasci-	a	bandelette, bandeau, cordon.
Femin-	a	femelle, femme.
Feroci-	a	fierté, courage, présomption.
Fistul-	a	chalumeau, pipeau, flûte.
Formic-	a	fourmi.
Furc-	a	fourche.
Gallin-	a	poule.

Première Déclinaison. — (1)

(Ier TABLEAU. — *ROSA.*)

NOMS FÉMININS.

Radical.	*Désinences.*	
Gaz-	a	trésor, richesses.
Gul-	a	gosier; gourmandise.
Hydr-	a	hydre (serpent fabuleux).
Illecebr-	a	attrait, amorce; séduction.
Impens-	a	dépense, frais.
Incuri-	a	négligence, défaut de soin.
Inedi-	a	diète, abstinence.
Inerti-	a	ignorance, lâcheté, paresse.
Inful-	a	mitre, turban.
Insani-	a	démence, folie.
Insciti-	a	ignorance, incapacité.
Insolenti-	a	défaut d'habitude, insolence.
Insul-	a	île.
Janu-	a	porte, entrée; commencement.
Juvent-	a	jeunesse, jeune âge.
Lacern-	a	casaque, surtout.
Læv-	a	main gauche, côté gauche.
Lamin-	a	lame, feuille de métal.
Latebr-	a	retraite, repaire, refuge.
Laure-	a	feuille ou couronne de lauriers.
Lectic-	a	litière, brancard.
Libitin-	a	déesse des funérailles.
Libr-	a	une livre, balance.
Lucern-	a	lampe, flambeau.
Luct-	a	lutte, exercice de la lutte.
Luxuri-	a	luxe, profusion, déréglement.
Machin-	a	machine; adresse, artifice.
Mantic-	a	malle, valise, besace.
Materi-	a	matériaux, sujet, occasion.
Matron-	a	mère de famille, matrone.
Medimn-	a	mesure de six boisseaux.
Medicin-	a	art de guérir, remède, opération.
Merend-	a	repas des journaliers, goûter.
Militi-	a	art de la guerre, milice.
Minerv-	a	déesse de la sagesse; bon sens; science.

Première Déclinaison. — (1)

(Ier TABLEAU. — *ROSA.*)

NOMS FÉMININS.

Radical.	*Désinences.*	
Molesti-	a	ennui, chagrin, importunité.
Mulct-	a	amende, peine pécuniaire.
Munditi-	a	propreté, élégance.
Muræn-	a	lamproie (poisson).
Muri-	a	saumure.
Mus-	a	muse, poésie, chant.
Musc-	a	mouche; importun.
Muscipul-	a	ratière, souricière.
Mustel-	a	belette, fouine.
Næni-	a	air triste chanté aux funérailles; conte, fable; bagatelle.
Natur-	a	nature, génie, instinct.
Naumachi-	a	représentation d'un combat naval.
Nebul-	a	brouillard épais, nuée.
Nequiti-	a	lâcheté, déréglement, méchanceté.
Noctu-	a	chouette, hibou.
Novacul-	a	rasoir.
Noverc-	a	belle-mère, marâtre.
Off-	a	pâté, gâteau.
Officin-	a	atelier, laboratoire, boutique.
Palæstr-	a	lutte, lieu où l'on s'exerçait à la lutte.
Palpebr-	a	paupière.
Parm-	a	petit bouclier de cuir.
Parcimoni-	a	économie, parcimonie.
Patin-	a	vase, plat.
Penul-	a	manteau, casaque.
Pelt-	a	bouclier échancré.
Penuri-	a	besoin, disette, pénurie.
Per-	a	sac, poche, valise.
Periti-	a	habileté, savoir, expérience.
Person-	a	masque, figure; rôle; une personne.
Pertic-	a	perche.
Pestilenti-	a	peste.
Pic-	a	pie.
Pice-	a	pin d'où l'on tire la poix.

Première Déclinaison. — (1)

(Ier TABLEAU. — *ROSA.*)

NOMS FÉMININS.

Radical.	*Désinences.*	
Pil-	a	balle.
Piscin-	a	réservoir à poisson, piscine.
Placent-	a	gâteau.
Plag-	a	plaie, coup; région, plage.
Podagr-	a	la goutte (maladie).
Poetic-	a	la poétique, l'art poétique.
Præfic-	a	pleureuse (aux funérailles).
Prætext-	a	robe des Romains jusqu'à 17 ans.
Prætur-	a	préture (dignité dans Rome).
Procell-	a	tempête, trouble, sédition.
Pythi-	a	la pythonisse (prêtresse d'Apollon).
Quadrig-	a	char attelé de quatre chevaux.
Quæstur-	a	questure (dignité dans Rome).
Querel-	a	plainte, lamentation; querelle.
Querimoni-	a	plainte.
Rap-	a	rave.
Rapin-	a	vol, larcin, rapine.
Repuls-	a	refus, opposition.
Respublic-	a	république (on décline *res* et *publica*).
Rhapsodi-	a	recueil de vers, rapsodie.
Rug-	a	ride, pli, vieillesse, tristesse.
Sæviti-	a	cruauté, rigueur.
Sarcin-	a	paquet, sac de hardes.
Scandul-	a	bardeau (tuile de bois).
Scap-	a	chaloupe, canot.
Scen-	a	scène, décoration, théâtre.
Sched-	a	feuille, tablette, billet.
Schol-	a	école, classe.
Scytal-	a	bande de cuir sur laquelle les Lacédémoniens écrivaient à leurs généraux.
Scytiss-	a	femme scythe.
Scriptur-	a	écriture, lettre.
Scutr-	a	bouclier; bassin creux.
Segniti-	a	indolence, stupidité.

Première Déclinaison. — (1)

(1er TABLEAU. — *ROSA.*)

NOMS FÉMININS.

Radical.	*Désinences.*	
Selibr-	a	demi-livre.
Semit-	a	sentier, trace.
Semunci-	a	demi-once.
Sole-	a	sandale; sole (poisson).
Solerti-	a	industrie, adresse, ruse.
Squam-	a	écaille de poisson.
Stol-	a	robe des dames romaines.
Stroph-	a	verbiage; ruse; strophe.
Subucul-	a	sorte de chemise; gâteau sacré.
Superbiloquenti-	a	langage arrogant, bravade.
Tegul-	a	tuile.
Test-	a	vase de terre, brique, coquille.
Tibi-	a	os de la jambe; flûte.
Turm-	a	escadron; foule, multitude.
Tutel-	a	rempart, protection, tutelle.
Vagin-	a	gaîne, fourreau, étui.
Vecordi-	a	mauvais cœur, lâcheté, bassesse.
Verecundi-	a	pudeur, retenue, timidité.
Verruc-	a	verrue.
Versur-	a	action de tourner, traduction.
Vesp-	a	guêpe.
Vesper-	a	le soir.
Vill-	a	maison de campagne, métairie.
Vindict-	a	vengeance; baguette du préteur.
Vitt-	a	bandelette.
Zon-	a	ceinture, bourse; zone.

NOMS FÉMININS *n'ayant que le pluriel.*

Epul-	æ	arum	mets, nourriture, festin.
Induci-	æ	arum	trève, délai.
Manubi-	æ	arum	dépouilles des ennemis, butin.
Tenebr-	æ	arum	ténèbres, obscurité.

Première Déclinaison. — (2)

(IIe TABLEAU. — *DOMINA.*)

NOMS FÉMININS.

Radical.	*Désinences.*	
Adversari-	a	ennemie, adversaire.
Asell-	a	petite ânesse.
Catell-	a	petite chienne; petite chaine.
Colon-	a	fermière, paysanne.
Consobrin-	a	cousine germaine.
Filiol-	a	petite fille.
Lup-	a	louve.
Pedisequ-	a	suivante.
Privign-	a	belle-fille (fille d'un autre père).
Simi-	a	guenon (singe femelle).
Vidu-	a	veuve.

— (IVe TABLEAU. — *MUSICE.* — (4) —

NOMS FÉMININS.

Heteric-	e	es	escadron de cavalerie macédonienne.
Scytal-	e	es	scytale.

— (Ve TABLEAU. — *COMETES.* — (5) —

NOMS MASCULINS.

Anagnost-	es	æ	lecteur.
Chiliarch-	es	æ	chiliarque.
Dynast-	es	æ	gouverneur, prince.
Hierophant-	es	æ	hiérophante.
Satrap-	es	æ	satrape.

Deuxième Déclinaison. — (6)

(Ier TABLEAU. — *DOMINUS.*)

NOMS MASCULINS.

Accens-	us	attaché au service de quelqu'un; recrue.
Advocat-	us	qui est appelé; avocat.

Deuxième Déclinaison. — (6)

(Ier TABLEAU. — *DOMINUS.*)

NOMS MASCULINS.

Radical.	*Désinences.*	
Agell-	us	petit champ.
Angul-	us	angle, coin écarté.
Bubulc-	us	bouvier, vacher.
Cad-	us	vase à mettre le vin, tonneau.
Calam-	us	tuyau de blé; roseau; flûte, flèche.
Calce-	us	soulier, chaussure.
Camp-	us	champ, campagne; sujet.
Capul-	us	cercueil; garde d'une épée.
Cav-	us	trou, cavité, fosse.
Chiliarch-	us	commandant mille hommes.
Circul-	us	cercle, collier; assemblée.
Cirr-	us	boucle de cheveux; frange.
Clav-	us	clou, cheville, gouvernail.
Colaph-	us	soufflet, coup de poing.
Colon-	us	laboureur, fermier, habitant.
Consobrin-	us	cousin.
Cons-	us	dieu du conseil.
Cont-	us	croc, javelot, dard.
Cophin-	us	panier, corbeille.
Coqu-	us	cuisinier.
Cule-	us	sac de cuir, outre.
Cune-	us	coin, grand clou, angle.
Cunicul-	us	lapin; terrier, conduit.
Cultell-	us	petit couteau, canif.
Denari-	us	denier.
Disc-	us	disque, palet.
Div-	us	Dieu, déité, saint.
Dol-	us	mauvaise foi, fourberie.
Epheb-	us	jeune homme dans l'âge de puberté.
Epilog-	us	conclusion, péroraison, épilogue.
Fav-	us	rayon de miel, miel.
Fim-	us	fumier.
Fisc-	us	panier de jonc; fisc, trésor public.
Follicul-	us	petit sac de cuir; ballon; gousse.

Deuxième Déclinaison. — (6)

(1er TABLEAU. — *DOMINUS.*)

NOMS MASCULINS.

Radical.	*Désinences.*	
Fuc-	us	bourdon ; fard, déguisement.
Funicul-	us	petite corde, ficelle.
Glob-	us	globe ; peloton ; troupe.
Gutt-	us	burette pour les sacrifices.
Gyr-	us	tour, rond, circuit, détour.
Ham-	us	hameçon, harpon, crochet.
Hastat-	us	lancier, hallebardier.
Hemerodrom-	us	courrier, coureur.
Hirc-	us	bouc, odeur de bouc.
Jugul-	us	gorge, gosier.
Jurisconsult-	us	jurisconsulte.
Jurisperit-	us	savant en droit.
Juvenc-	us	jeune taureau.
Internunti-	us	interprète, messager.
Laque-	us	nœud coulant, lacet, piège.
Legat-	us	ambassadeur, député, lieutenant.
Limb-	us	bord, frange.
Luc-	us	bois sacré.
Lud-	us	jeu, divertissement.
Luscini-	us	rossignol.
Medic-	us	médecin.
Milvi-	us	milan (oiseau de proie).
Minotaur-	us	minotaure (monstre fabuleux).
Mund-	us	monde, univers; toilette.
Nas-	us	nez ; goût, discernement.
Nerv-	us	nerf; force; corde d'arc.
Operari-	us	ouvrier, manœuvre.
Orbicul-	us	petit cercle.
Ostracism-	us	ostracisme (suffrage écrit sur des coquilles).
Pagan-	us	paysan ; païen.
Pædagog-	us	précepteur, pédagogue.
Patron-	us	patron, protecteur, défenseur.
Pann-	us	drap, étoffe.
Patru-	us	oncle paternel.

Deuxième Déclinaison. — (6)

(Ier TABLEAU. — *DOMINUS.*)

NOMS MASCULINS.

Radical.	*Désinences.*	
Pedisequ-	us	valet-de-pied, laquais.
Pile-	us	bonnet, chapeau.
Pil-	us	poil.
Pont-	us	mer noire; royaume de Pont.
Porc-	us	porc, cochon; glouton.
Privign-	us	beau-fils (fils du premier lit).
Proav-	us	bisaïeul.
Prolog-	us	prologue.
Pulvin-	us	matelas; carreau de jardin; digue.
Psittac-	us	perroquet.
Pugn-	us	poing, poignet.
Pullari-	us	chargé du soin des poulets sacrés.
Pull-	us	petit d'un animal, poulain, ânon.
Re-	us	accusé, coupable.
Regul-	us	petit roi, roitelet; Regulus (homme).
Rog-	us	bûcher pour brûler les morts.
Rustic-	us	paysan, villageois.
Sagittari-	us	archer, arbalétrier.
Scopul-	us	rocher, écueil; but.
Sesterti-	us	sesterce (petite monnaie d'argent).
Simi-	us	singe, imitateur.
Smaragd-	us	émeraude (pierre précieuse).
Socer-	us	beau-père.
Somn-	us	sommeil, engourdissement, songe.
Son-	us	son, bruit, chant, accent.
Soph-	us	sage.
Spar-	us	dard; spare (poisson de mer).
Spons-	us	fiancé, époux.
Stimul-	us	aiguillon, pointe.
Stomach-	us	estomac; colère, dépit.
Styl-	us	aiguille, poinçon; style.
Tænar-	us	le Ténare, les enfers.
Taur-	us	taureau, 2e signe du zodiaque.
Termin-	us	terme, borne, limite,
Titul-	us	titre, inscription.

Deuxième Déclinaison. — (6)

(Ier TABLEAU. — *DOMINUS.*)

NOMS MASCULINS.

Radical.	*Désinences.*	
Turd-	us	grive, (oiseau).
Vall-	us	pieu, pallissade; van.
Vicari-	us	substitut, vicaire.
Vic-	us	rue, quartier, village.
Vidu-	us	veuf.
Villic-	us	fermier, métayer.
Xyst-	us	promenade, allée couverte.

NOMS MASCULINS *formés d'adjectifs et n'ayant que le pluriel.*

Alpici-	i orum	habitans des Alpes.
Decuman-	i orum	décimateurs, fermiers des dîmes; soldats de la 10e légion.
Ephor-	i orum	éphores (magistrats de Lacédémone).
Evocat-	i orum	vieux soldats rappelés dans les dangers de la patrie; milices.
Fast-	i orum	calendrier des Romains marquant les jours de fêtes; annales, fastes.
Ferentari-	i orum	chevau-légers (sorte de troupes).
Macrontich-	i orum	Macrontichos (muraille d'Athènes).
Oppidan-	i orum	habitans d'une ville assiégée.
Patrici-	i orum	patriciens (nobles de Rome), patrices.
Priman-	i orum	soldats de la 1re légion.
Rorari-	i orum	archers armés à la légère.
Triari-	i orum	triaires (3e corps de troupes de réserve.
Veteran-	i orum	vétérans (soldats retirés après vingt ans de service).

— (IIe TABLEAU. — *PUER.*) — (7) —

NOMS MASCULINS.

Aquilifer	i	enseigne, porte-enseigne.
Decemvir	i	décemvir (magistrat romain).
Ister	i	Danube (fleuve).

Deuxième Déclinaison. — (11)

(VIe TABLEAU. — *TEMPLUM.*)

NOMS NEUTRES.

Radical.	*Désinences.*	
Acet-	um	vinaigre.
Ædifici-	um	édifice, bâtiment.
Æv-	um	âge, vie, temps, éternité.
Amicul-	um	vêtement, manteau, robe.
Antidot-	um	contrepoison, remède.
Arane-	um	toile d'araignée.
Arbitri-	um	arbitrage, jugement, volonté.
Argentari-	um	argent, biens, richesses.
Argument-	um	argument, preuve, motif.
Armamentari-	um	arsenal.
Astr-	um	astre, étoile, ciel.
Aucupi-	um	chasse aux oiseaux.
Auguri-	um	augure, présage, divination.
Aulæ-	um	tapis, tapisserie.
Balne-	um	bain.
Basi-	um	baiser.
Bellic-	um	signal de la trompette.
Bidu-	um	espace de deux jours.
Brachi-	um	bras.
Calceament-	um	chaussure.
Carpent-	um	char, voiture suspendue.
Cantic-	um	chanson, cantique.
Cerebr-	um	cervelle, tête, moelle.
Cinnamom-	um	cannelier, cinnamome (arbrisseau).
Classic-	um	trompette, son de la trompette.
Claustr-	um	clôture, barrière, obstacle.
Cocc-	um	écarlate.
Cœn-	um	boue, fange, bourbier.
Cœpt-	um	commencement, entreprise, projet.
Colloqui-	um	entretien, conférence, discours.
Comiti-	um	lieu où se tenaient les comices.
Compit-	um	carrefour.
Conscript-	um	écrit, ouvrage.
Connubi-	um	mariage.
Contuberni-	um	chambrée; société, coterie.

Deuxième Déclinaison. — (11)

(VIe TABLEAU. — *TEMPLUM.*)

NOMS NEUTRES.

Radical.	*Désinences.*	
Convici-	um	clameur, bruit; injure.
Cori-	um	cuir.
Crepuscul-	um	crépuscule.
Cubicul-	um	chambre à coucher.
Debit-	um	dette.
Decenni-	um	espace de dix ans.
Delubr-	um	temple.
Desideri-	um	desir, regret.
Dicteri-	um	bon mot, raillerie.
Dors-	um	dos, croupe; éminence.
Effugi-	um	fuite, évasion, issue.
Exordi-	um	commencement, préambule.
Exiti-	um	ruine, perte, mort.
Extrem-	um	extrémité, fin, terme.
Fan-	um	lieu consacré, temple.
Fastigi-	um	faîte d'un bâtiment.
Fat-	um	oracle, destin, fatalité.
Flagell-	um	fouet, baguette.
Flamme-	um	voile couleur de feu.
Foli-	um	feuille, feuillage.
Fren-	um	mors de bride, frein, rênes.
Fret-	um	détroit, bras de mer.
Frust-	um	morceau, fragment.
Gran-	um	grain, graine.
Graphi-	um	poinçon, burin, pinceau.
Gremi-	um	sein, milieu.
Gymnasi-	um	gymnase, académie, école.
Hæredi-	um	petit héritage.
Haust-	um	action de puiser, gorgée.
Horde-	um	orge.
Hortament-	um	encouragement, motifs.
Ili-	um	Troie, citadelle de Troie.
Imperat-	um	ce qui est commandé, ordre.
Incept-	um	entreprise, projet.
Indument-	um	habillement, vêtement.

Deuxième Déclinaison. — (11)

(VIe TABLEAU. — *TEMPLUM.*)

NOMS NEUTRES. *Radical.*	*Désinences.*	
Initi-	um	commencement.
Instrument-	um	meubles, outil; moyen.
Intervall-	um	intervalle, distance.
Intestin-	um	entrailles, intestins.
Invent-	um	invention, découverte.
Irritament-	um	ce qui irrite; aiguillon; motif.
Jacul-	um	javelot, dard.
Jentacul-	um	déjeûner.
Juger-	um	arpent.
Jug-	um	joug, sommet.
Jument-	um	bête de somme.
Jurgi-	um	querelle, dispute, procès.
(1) Jusjurand-	um	jurement, serment.
Lanifici-	um	apprêt des laines.
Latibul-	um	retraite, tanière, trou.
Lati-	um	Latium (campagne de Rome).
Ligustr-	um	troëne (arbrisseau), fleur de troën
Linte-	um	linge, serviette, drap.
Lor-	um	courroie, sangle, fouet.
Lucr-	um	gain, profit, avantage.
Malefici-	um	mauvaise action; fraude, dommag
Manubri-	um	manche.
Modi-	um	mesure, boisseau, muid.
Moment-	um	mouvement; moment, instant.
Municipi-	um	ville municipale.
Mysteri-	um	secret, mystère.
Obsequi-	um	complaisance, service, soumissio
Obsoni-	um	provision de mets, bonne chère.
Ole-	um	huile.
Oppidul-	um	petite ville.
Opprobrament-	um	infamie, déshonneur, outrage.
Oracul-	um	oracle, sentence, temple.
Oscul-	um	petite bouche, baiser.
Pact-	um	pacte, traité, convention.
Paludament-	um	cotte d'armes.

(1) *jus* et *jurandum* se déclinent.

Deuxième Déclinaison. — (11)

(VIe TABLEAU. — *TEMPLUM.*)

NOMS NEUTRES.

Radical.	*Désinences.*	
Patrocini-	um	protection, défense.
Perjuri-	um	parjure.
Pil-	um	javelot.
Plebiscit-	um	ordonnance du peuple.
Pocul-	um	coupe, tasse; breuvage.
Portent-	um	prodige.
Postic-	um	porte de derrière.
Prat-	um	pré.
Prædi-	um	héritage, domaine.
Præscript-	um	ordonnance, loi, statut.
Prætori-	um	tente du général; conseil de guerre.
Principi-	um	principe, commencement.
Proposit-	um	dessein, résolution, but, sujet.
Public-	um	impôt, trésor public.
Pulmentari-	um	sorte de purée, ragoût.
Pulpit-	um	tribune, chaire, théâtre.
Pulvinari-	um	coussin, lit, temple.
Punct-	um	pointe, piqûre, point; suffrage.
Remedi-	um	remède; expédient.
Respons-	um	réponse, réplique.
Rostr-	um	bec; éperon de navire.
Sacell-	um	petit temple, chapelle.
Sacerdoti-	um	sacerdoce.
Sacrament-	um	serment, sacrement.
Sacrari-	um	sacristie, oratoire, sanctuaire.
Sacr-	um	sacrifice, mystère, solennité.
Sal-	um	mer agitée, roulis.
Sax-	um	pierre, caillou, rocher.
Sarment-	um	sarment, pampre, jeune branche.
Sceptr-	um	sceptre, royaume, royauté.
Scort-	um	peau, cuir.
Scut-	um	bouclier.
Secret-	um	lieu écarté, solitude; secret.
Secul-	um	siècle, époque où l'on vit, la vie.
Senatusconsult-	um	sénatus-consulte (décret du sénat).

Deuxième Déclinaison. — (11)

(VIe TABLEAU. — *TEMPLUM.*)

NOMS NEUTRES.

Radical.	*Désinences.*	
Seni-	um	vieillesse; humeur chagrine.
Sert-	um	guirlande, feston.
Sesterti-	um	grand sesterce (monnaie).
Stagn-	um	étang, mer.
Sterquilini-	um	fumier.
Stipendi-	um	solde, paie des soldats.
Stragul-	um	couverture.
Strament-	um	paille, litière, chaume.
Strat-	um	tapis, housse, selle, bât.
Stupr-	um	corruption, infamie.
Suggest-	um	lieu élevé; tribune; suggestion.
Symposi-	um	festin, banquet, repas.
Tabulat-	um	plancher, étage.
Tectori-	um	enduit, crépi.
Tect-	um	toit.
Tigill-	um	soliveau, petit chevron.
Tintinnabul-	um	clochette, sonnette.
Tirocini-	um	apprentissage, noviciat.
Tœdi-	um	ennui, dégoût.
Toxic-	um	poison.
Triclini-	um	table à trois lits; salle à manger.
Tripudi-	um	augure tiré de l'appétit des poulets sacrés; trépignement.
Trivi-	um	carrefour, formé de trois chemins.
Tuguri-	um	cabane, chaumière, loge.
Unguent-	um	parfum, essence, onguent.
Vadimoni-	um	assignation, ajournement.
Vehicul-	um	chariot, char, véhicule.
Velament-	um	voile.
Venabul-	um	épieu.
Vestigi-	um	vestige, trace, pas.
Vestiment-	um	vêtement, habillement.
Vexill-	um	drapeau, étendard.
Vot-	um	vœu.

Troisième Déclinaison. — (12)

(Ier TABLEAU. — *SOROR.*)

NOMS MASCULINS.

Radical.	*Désinences.*		
Accipit-er	r-	is	épervier; nom des oiseaux de proie.
Agger		is	monceau, amas, digue.
Al-es	it-	is	oiseau.
Anser		is	oie, oison.
Antist-es	it-	is	le premier; pontife, prêtre.
Aquilo	n-	is	aquilon, vent du nord.
Ardelio	n-	is	intriguant, qui se mêle de tout.
Arusp-ex	ic-	is	aruspice qui consultait les entrailles des victimes.
Caduceator		is	hérault, envoyé, trompette.
Candor		is	blancheur, candeur, bienveillance.
Censor		is	censeur; réformateur; critique.
Cocl-es	it-	is	qui n'a qu'un œil, borgne.
Commilito	n-	is	compagnon d'armes.
Conditor		is	fondateur, inventeur.
Conductor		is	entrepreneur, conducteur.
Cort-ex	ic-	is	écorce, écaille, enveloppe.
Conscriptor		is	qui écrit, auteur.
Criminator		is	accusateur, délateur.
Cruor		is	sang qui coule des blessures.
Cuja-s	t-	is	de quel pays? de quel parti?
Cursor		is	coureur, conducteur; laquais.
Decor		is	beauté, bonne grâce.
Decurio	n-	is	magistrat, chef de dix cavaliers.
Diribitor		is	distributeur; écuyer tranchant.
Dodran-s	t-	is	neuf onces romaines.
Dolon		is	aiguillon; bâton ferré.
Draco	n-	is	dragon (serpent fabuleux).
Exactor		is	qui chasse, qui perçoit les impôts.
Exul		is	exilé, banni.
Fautor		is	fauteur, partisan, protecteur.
Fidejussor		is	répondant, garant, caution.
Fragor		is	fracture; fracas, grand bruit.
Frut-ex	ic-	is	arbrisseau, branchage.
Funditor		is	frondeur.

Troisième Déclinaison. — (12)

(Ier TABLEAU. — *SOROR.*)

NOMS MASCULINS.

Radical.	*Désinences.*		
Fur		is	voleur.
Furfur		is	son, résidu de la mouture.
Genitor		is	père ; qui produit ; créateur.
Gubernator		is	pilote, timonier, gouverneur.
Horror		is	hérissement ; horreur, effroi.
Humor		is	humeur; humidité; vapeur.
Juven-is		is	jeune homme.
Ind-ex-	ic-	is	délateur; indice; table d'un livre.
Insidiator		is	qui tend des embûches.
Latro	n-	is	maraudeur, voleur.
Lepo-s	r-	is	enjoûment, bon air.
Lep-us	or-	is	lièvre.
Lictor		is	licteur, qui portait les faisceaux.
Liquor		is	liqueur, eau, suc, humeur.
Litigator		is	plaideur, chicaneur.
Livor		is	couleur livide, envie.
Magne-s	t-	is	aimant; Magnésie (ville).
Manc-eps	ip-	is	enchérisseur; fermier général, intendant.
Mucro	n-	is	pointe, tranchant, épée.
Mulio	n-	is	muletier, cocher.
Nitor		is	clarté, éclat.
Obtrectator		is	calomniateur, envieux.
Occiden-s	t-	is	occident, ouest, couchant.
Odor		is	odeur, parfum.
Opif-ex	ic-	is	artisan, ouvrier.
Oppugnator		is	agresseur, ennemi.
Orien-s	t-	is	orient, est, levant.
Passer		is	moineau.
Pat-er-familias-	r-	is	père de famille, (*familias* ne se décline pas).
Pavor		is	peur, épouvante.
Pect-en	in-	is	peigne, archet, lyre.
Pedest-er	r-	is	piéton, fantassin.
Phrygio	n-	is	brodeur.

Troisième Déclinaison. — (12)

(Ier TABLEAU. — *SOROR.*)

NOMS MASCULINS.

Radical.	*Désinences.*		
Pictor		is	peintre.
Pollinctor		is	qui embaume les morts.
Præco	n-	is	crieur public; panégyriste.
Prædator		is	pillard, pirate.
Prædo	n-	is	brigand, voleur.
Præ-s	d-	is	caution, répondant.
Prætor		is	préteur.
Princ-eps	ip-	is	le premier, prince.
Proconsul		is	gouverneur d'une province romaine.
Progenitor		is	aïeul.
Pronepo-s	t-	is	arrière-petit-fils.
Pugio	n-	is	poignard.
Quadran-s	t-	is	trois onces romaines.
Quæstor		is	questeur (magistrat romain).
Rem-ex	ig-	is	rameur, forçat.
Remigator		is	rameur, forçat.
Rhetor		is	rhéteur.
Sapor		is	goût, saveur.
Sator		is	semeur, planteur, auteur.
Satrap-es		is	satrape.
Scipio	n-	is	bâton; Scipion (homme).
Scriptor		is	écrivain, copiste, auteur.
Septentrio	n-	is	pole arctique; constellation; bise.
Sessor		is	spectateur; cavalier.
Sonipe-s	d-	is	cheval, coursier.
Sponsor		is	caution, répondant.
Subscriptor		is	souscripteur, approbateur.
Sudor		is	sueur; peine.
Suffragator		is	qui donne ou qui demande un suffrage.
Su-s		is	porc, cochon.
Sutor		is	cordonnier.
Temo	n-	is	timon, flèche d'un char.
Tibic-en	in-	is	joueur de flûte.
Tiro	n-	is	recrue, apprenti, novice.
Tutor		is	protecteur, tuteur.

Troisième Déclinaison. — (12)

(Ier TABLEAU. — *SOROR.*)

NOMS MASCULINS.

Radical.	*Désinences.*		
Urinator		is	plongeur.
Vagor		is	vagissement (cri des enfans).
Vari-x	c-	is	varice (dilatation d'une veine).
Vector		is	qui porte; passager; pilote.
Vel-es	it-	is	vélite, soldat armé à la légère.
Vespillo	n-	is	qui enterrait les pauvres pendant la nuit.
Viator		is	voyageur.
Vigor		is	vigueur, force.
Vind-ex	ic-	is	qui venge, maintient, défend.
Vultur		is	vautour.

NOMS MASCULINS *n'ayant que le pluriel.*

Optimat-	es-	um	les grands, les premiers d'un pays.
Primor-	es-	um	les principaux, les plus apparens.
Senior-	es-	um	vieillards, ancêtres, sénateurs.

NOMS FÉMININS.

Accessio	n-	is	action d'approcher; augmentation; addition.
Actio	n-	is	acte, action, fait.
Ægritud-o	in-	is	maladie, souci, inquiétude.
Æst-as	at-	is	été.
Affinit-as	at-	is	parenté, voisinage, affinité.
Altitud-o	in-	is	hauteur, profondeur, grandeur.
Ambitio	n-	is	ambition, brigue.
Amissio-	n-	is	perte.
Amplitud-o	in-	is	capacité, étendue, élévation.
Appellatio	n-	is	nom, appel, appellation.
Ap-is		is	abeille, mouche à miel.
Ascriptio-	n-	is	enregistrement; addition.
Aspi-s	d-	is	aspic (serpent venimeux).
Aurigatio	n-	is	conduite d'un char.
Calig-o	in-	is	ténèbres, brouillards.

Troisième Déclinaison. — (12)

(Ier TABLEAU. — *SOROR.*)

NOMS FÉMININS.

Radical.	*Désinences.*		
Charita-s	at-	is	cherté; charité, affection.
Chlami-s	d-	is	habit de guerre, casaque.
Cogitatio	n-	is	pensée, réflexion, avis.
Comita-s	t-	is	affabilité, politesse.
Comparatio	n-	is	appareil, acquisition, comparaison.
Commendatio	n-	is	recommandation, louange.
Compe-s	d-	is	chaînes, entraves, menottes.
Concinnita-s	t-	is	justesse; convenance; parure.
Concio	n-	is	assemblée; harangue, discours.
Conductio	n-	is	conséquence; bail, loyer.
Congressio	n-	is	entrevue, rencontre; combat.
Consuetud-o	in-	is	coutume, mode, pratique.
Continen-s	t-	is	continent (terre ferme).
Consumptio	n-	is	destruction; consomption (maladie).
Contentio	n-	is	contention, effort; contestation.
Convictio	n-	is	familiarité, commerce.
Co-s	t-	is	pierre à aiguiser, caillou.
Crat-es		is	claie, treillis, ratelier.
Cunctatio	n-	is	délai, retard, lenteur.
Curatio	n-	is	soin, charge, administration.
Damnatio	n-	is	condamnation, désapprobation.
Dap-s		is	mets, viande; festin.
Decursio	n-	is	course, irruption.
Defectio	n-	is	disette; défection, révolte.
Deformita-s	t-	is	laideur, difformité; infamie.
Demigratio	n-	is	changement de demeure, départ.
Devotio	n-	is	vœu, imprécation, dévotion.
Dilatio	n-	is	délai, remise, intervalle.
Dimicatio	n-	is	combat, bataille.
Dissensio	n-	is	dissentiment, débat, discorde.
Dissimilitud-o	in-	is	différence, opposition.
Diuturnita-s	t-	is	longue durée.
Divinatio	n-	is	divination, prédiction.
Educatio	n-	is	nourriture des enfans, instruction.
Ephemeri-s	d-	is	mémorial journalier, almanach.

Troisième Déclinaison. — (12)

(Ier TABLEAU. — *SOROR.*)

NOMS FÉMININS. *Radical.*	*Désinences.*		
Eruptio	n-	is	éruption, excursion, irruption.
Excursio	n-	is	sortie; escarmouche; digression.
Exercitatio	n-	is	fatigue, usage, habitude.
Exercitio	n-	is	exercice.
Existimatio	n-	is	opinion, réputation, estime.
Expeditio	n-	is	explication; expédition.
Expositio	n-	is	exposition, explication; détail.
Factio	n-	is	manière d'agir; ligue, complot.
Fæ-x	c-	is	lie, marc.
Festinatio	n-	is	précipitation, diligence.
Firmita-s	t-	is	solidité, fermeté, force de corps.
Firmitud-o	in-	is	fermeté d'âme, intrépidité.
For-s	t-	is	hasard, sort, destin.
Fru-x	g-	is	fruit, production de la terre.
Garrulita-s	t-	is	babil, caquet.
Gratulatio	n-	is	félicitations, actions de grâces.
Gravita-s	t-	is	pesanteur; sérieux; cherté.
Gru-s		is	grue (oiseau); grue (machine).
Gynæconiti-s	d-	is	appartement des femmes.
Habitio	n-	is	action d'avoir, de posséder.
Hæsitatio	n-	is	embarras dans la langue; incertitude.
Honesta-s	t-	is	honnêteté, bienséance, bonté.
Hortatio	n-	is	exhortation, encouragement.
Humanita-s	t-	is	nature humaine, douceur; belles-lettres.
Imag-o	in-	is	idée; modèle; ombre, apparence.
Incursio	n-	is	incursion, invasion.
Inscriptio	n-	is	inscription, affiche, accusation.
Integrita-s	t-	is	intégrité, totalité, probité, chasteté.
Interitio	n-	is	trépas, ruine, destruction.
Jactatio	n-	is	agitation, mouvement, jactance.
Jucundita-s	t-	is	agrément, plaisir.
Juventu-s	t-	is	jeunesse, déesse de la jeunesse.
Largita-s	t-	is	largesse, libéralité, abondance.
Largitio	n-	is	prodigalité, corruption par largesses.

Troisième Déclinaison. — (12)

(Ier TABLEAU. — *SOROR.*)

NOMS FÉMININS.

Radical.	*Désinences.*		
Lavatio	n-	is	action de laver, bain, baignoire.
Lari-x	c-	is	larix, mélèze (arbre).
Laxita-s	t-	is	étendue, largeur.
Lectio	n-	is	lecture, choix, élite.
Legatio	n-	is	ambassade, députation.
Libid-o	in-	is	caprice, penchant; déréglement.
Liguritio	n-	is	friandise, gourmandise.
Longitud-o	in-	is	longueur, durée, longitude.
Luctatio	n-	is	lutte, débat, effort.
Magnanimita-s	t-	is	grandeur d'âme, magnanimité.
Maledictio	n-	is	malédiction, injure, médisance.
Malignita-s	t-	is	malice, malveillance.
Mansuetud-o	in-	is	mœurs douces, douceur.
Marg-o	in-	is	bord, bordure, marge.
Moderatio	n-	is	modération, gouvernement.
Munitio	n-	is	fortification, rempart, blocus.
Mutatio	n-	is	changement, échange.
Necessitud-o	in-	is	nécessité; alliance, amitié intime.
Nemoricultri-x	c-	is	celle qui habite les bois.
Nobilita-s	t-	is	renommée, noblesse, fierté.
Oblivio	n-	is	oubli.
Obtestatio	n-	is	prière suppliante, bassesse.
Obtrectatio	n-	is	envie; médisance, calomnie.
Offensio	n-	is	échec, perte; offense, chagrin; blâme.
Ony-x	ch-	is	onyx (pierre précieuse).
Opportunita-s	t-	is	temps propice; avantage.
Oppugnatio	n-	is	assaut, attaque.
Oratio	n-	is	discours, harangue, plaidoyer.
Orig-o	in-	is	origine; cause; race, naissance.
Ovatio	n-	is	ovation (petit triomphe).
Ostentatio	n-	is	vaine gloire, ostentation.
Pactio	n-	is	pacte, accord, traité, promesse.
Parcita-s	t-	is	parcimonie, modération.
Pauperta-s	t-	is	pauvreté, indigence, détresse.
Pernicita-s	t-	is	vitesse, légèreté.

Troisième Déclinaison. — (12)

(Ier TABLEAU. — *SOROR.*)

NOMS FÉMININS.

Radical.	*Désinences.*		
Perscriptio	n-	is	enregistrement, ordonnance.
Petitio	n-	is	requête, brigue; action de porter un coup.
Phalan-x	g-	is	phalange macédonienne.
Potri-x	c-	is	buveuse.
Præfatio	n-	is	préface, avant-propos.
Præ-s	d-	is	caution, répondant.
Præscriptio	n-	is	titre, ordre, loi, prescription.
Prætermissio	n-	is	omission, négligence.
Probosci-s	d-	is	museau, trompe d'éléphant.
Procerita-s	t-	is	hauteur, longueur.
Proceritud-o	in-	is	hauteur, longueur.
Proditio	n-	is	trahison, divulgation.
Profectio	n-	is	départ, sortie, voyage.
Propag-o	in-	is	provin de vigne, bouture, race.
Propinquita-s	t-	is	voisinage, parenté, intimité.
Proscriptio	n-	is	apposition d'affiches, proscription.
Ratio	n-	is	raison, dessein, cause, motif.
Remissio	n-	is	relâchement, rémission; suspension.
Saltatio	n-	is	danse.
Scriptio	n-	is	écriture.
Sedulita-s	t-	is	soin, diligence, assiduité.
Simulta-s	t-	is	haine cachée.
Sobol-es		is	lignée, race, enfans, rejeton.
Sorbitio	n-	is	action d'avaler un breuvage.
Speculatri-x	c-	is	celle qui regarde, qui contemple
Sponsio	n-	is	promesse, engagement, gageure.
Statio	n-	is	état de repos, demeure, position.
Stipulatio	n-	is	stipulation, promesse de.
Strag-es		is	ruine, carnage, massacre.
Suavita-s	t-	is	douceur, agrément, suavité.
Subscriptio	n-	is	signature, souscription.
Suffragatio	n-	is	suffrage.
Suspicio	n-	is	soupçon, défiance, conjecture.

Troisième Déclinaison. — (12)

(Ier TABLEAU. — *SOROR.*)

NOMS FÉMININS.

Radical.	*Désinences.*	
Tardita-s	t- is	lenteur, retard, délai.
Tarditud-o	in- is	
Tempesta-s	t- is	temps, saison; orage, tempête.
Tenuita-s	t- is	petitesse; maigreur; pauvreté.
Testud-o	in- is	tortue, reptile (machine de guerre, instrument).
Trepidatio	n- is	tremblement, agitation.
Tyranni-s	d- is	tyrannie.
Unio	n- is	perle, ognon; as aux dez.
Velocita-s	t- is	vitesse, activité, promptitude.
Ven-us	er- is	Vénus (déesse); beauté.
Venusta-s	t- is	formes élégantes; grâces.
Vetusta-s	t- is	vieillesse, ancienneté.
Vic-is	is	alternative, vicissitude, changement; fonction; destin.
Viduita-s	t- is	veuvage, viduité.
Vocatio	n- is	invitation; assignation.
Volucr-is	is	oiseau.

— (IIIe TABLEAU. — *AVIS.*) — (14) —

NOMS MASCULINS.

As	s- is	as (livre romaine de 12 onces).
Ass-is	is	
Ædil-is	is	édile (magistrat romain).
Angu-is	is	serpent, couleuvre.
Atriens-is	is	esclave, concierge.
Augur	is	augure.
Cal-x	c- is	talon, pied; ruade.
Clien-s	t- is	client, vassal.
Decemb-er	r- is	décembre.
Elepha-s	nt- is	éléphant.
Ens-is	is	épée.
Fasc-is	is	faisceau, fagot, fardeau.
Fel-es	is	chat; fouine; belette.

Troisième Déclinaison. — (14)

(IIIe TABLEAU. — *AVIS.*)

NOMS MASCULINS.

Radical.	*Désinences.*		
Imb-er	r-	is	grande pluie, larmes.
Lar		is	lare (dieu du foyer domestique); maison.
Mu-s	r-	is	rat; souris.
Natal-is		is	jour de la naissance.
Pon-s	t-	is	pont.
Pulv-is	er-	is	poudre; poussière; sable.
Quiri-s	t-	is	javelot; citoyen romain.
Sextil-is		is	sixième mois.
Sodal-is		is	camarade, collègue.
Ungu-is		is	ongle, griffe.
Ut-er	r-	is	outre.
Verr-es		is	verrat, porc.
Vall-is		is	vallée.

NOM MASCULIN *n'ayant que le pluriel.*

Man-es		ium	mânes, ombres, âme des morts.

NOMS FÉMININS.

Annal-is		is	annales, chronique.
Bipenn-is		is	hache à deux tranchans.
Class-is		is	classe, rang; flotte, vaisseau.
Cohor-s	t-	is	cohorte, troupe de soldats.
Fa-x	c-	is	flambeau, torche; feu; passion.
For-is		is	porte.
Fron-s	d-	is	feuille, feuillage.
Li-s	t-	is	procès, querelle.
Mer-x	c-	is	marchandise.
Nar-is		is	narine.
Nept-is		is	petite fille.
Ni-x	v-	is	neige; blancheur.
Nu-x	c-	is	noyer, noix.
Pest-is		is	désastre; peste, contagion.
Pul-s	t-	is	bouillie, purée, potage.
Rat-is		is	radeau; navire.

Troisième Déclinaison. — (14)

(IIIe TABLEAU. — *AVIS.*)

NOMS FÉMININS.

Radical.	*Désinences.*		
Sphin-x	g-	is	sphinx (monstre fabuleux).
Vestal-is		is	vestale (prêtresse de Vesta).

— (VIIIe TABLEAU. — *CORPUS.*) — (18) —

NOMS NEUTRES.

Acum-en	in-	is	aiguillon, pointe; pénétration.
Agm-en	in-	is	troupe en marche.
Carm-en	in-	is	vers, poésie, poème, chant.
Culm-en	in-	is	tige de blé; faîte, sommet.
Dedec-us	or-	is	deshonneur, infamie.
Discrim-en	in-	is	séparation; partage; différence.
Eb-ur	or-	is	ivoire, ouvrage d'ivoire.
Facin-us	or-	is	action (bonne ou mauvaise); crime, attentat.
Far		is	blé dur, farine.
Fem-ur	or-	is	cuisse, fémur (os de la cuisse).
Fen-us	or-	is	usure.
Frig-us	or-	is	froid, frais; frissonnement.
Fun-us	er-	is	funérailles, mort; ruine.
Hortam-en	in-	is	encouragement, motif.
Juger		is	arpent.
Ligam-en	in-	is	lien, ligature, bandage.
Lim-en	in-	is	seuil de la porte, maison; temple; limite.
Lum-en	in-	is	lumière, flambeau; œil.
Medicam-en	in-	is	médicament, remède.
Nectar		is	nectar (boisson des dieux).
Nem-us	or-	is	bois, parc.
Om-en	in-	is	présage, augure, pronostic.
Papaver		is	pavot (plante).
Pign-us	or-	is	gage, nantissement; preuve.
Pulvinar		is	coussin, oreiller.
Sal		is	sel; mer; raillerie.
Sem-en	in-	is	semence, graine; race, origine.

Troisième Déclinaison. — (18)

(VIIe TABLEAU. — *CORPUS.*)

NOMS NEUTRES.

Radical.	*Désinences.*		
Suber		is	liège (arbre).
Terg-us	or-	is	peau; cuir; dos.
Uber		is	mamelle, pis.
Velam-en	in-	is	voile, couverture.
Ver		is	printemps.
Verber		is	fouet, verge.
Volum-en	in-	is	tour, tourbillon; révolution; volume, livre.

Quatrième Déclinaison. — (21)

(Ier TABLEAU. — *MANUS.*)

NOMS MASCULINS.

Access-	us	approche, arrivée; accès.
Accurs-	us	affluence, concours.
Æst-	us	chaleur, bouillonnement.
Afflat-	us	souffle, vent; exhalaison.
Amiss-	us	perte.
Anfract-	us	circuit, sinuosité, détour.
Cæst-	us	ceste (gantelet garni de plomb).
Cant-	us	chant, air, poésie.
Cens-	us	état, estimation; revue des personnes et des biens.
Cœt-	us	assemblée, réunion, troupe.
Cœpt-	us	commencement, entreprise.
Comitiat-	us	assemblée pour les comices.
Commeat-	us	transport; provision.
Complex-	us	circuit; embrassement.
Complorat-	us	lamentation de plusieurs.
Concurs-	us	concours, affluence; concurrence.
Congress-	us	entrevue, conférence; combat.
Consens-	us	accord, conformité; complot.
Consulat-	us	consulat.
Contempt-	us	mépris, dédain.

Quatrième Déclinaison. — (21)

(IVe TABLEAU. — *MANUS.*)

NOMS MASCULINS.

Radical.	*Désinences.*	
Context-	us	tissu, enchaînement, contexture.
Convent-	us	assemblée, convention.
Convict-	us	fréquentation, familiarité; festin.
Crepit-	us	bruit, cliquetis; pétillement.
Decurs-	us	course, cours; joûte.
Defect-	us	disette, défaut; défection; révolte.
Delect-	us	choix, élite, levée de troupes.
Dissens-	us	dissension, débat, discorde.
Dominat-	us	autorité, empire, domination.
Duct-	us	trait, linéament; suite, liaison; conduite; administration.
Effect-	us	effet; opération; force, efficacité.
Equitat-	us	équitation; cavalerie.
Exit-	us	sortie, issue; évènement; conclusion.
Flat-	us	souffle, vent, respiration.
Flet-	us	pleurs, larmes.
Flex-	us	courbure; détour; déclin.
Fluct-	us	flot, mer.
Fœt-	us	portée des animaux; fruits, productions.
Gest-	us	geste.
Gress-	us	allure, démarche, pas.
Habit-	us	port, contenance, extérieur; habitude; situation; habit.
Halit-	us	souffle, haleine; zéphyr.
Haust-	us	action de puiser; gorgée; inspiration.
Hortat-	us	exhortation, encouragement.
Impuls-	us	impulsion, choc; instigation.
Incept-	us	entreprise, projet.
Incess-	us	démarche; invasion; entrée.
Interit-	us	mort; ruine, destruction.
Invent-	us	invention, découverte.
Lus-	us	jeu, plaisanterie.
Lux-	us	luxe, faste; déréglement.
Magistrat-	us	magistrat, magistrature.
Miss-	us	envoi.

Quatrième Déclinaison. — (21)

(Ier TABLEAU. — *MANUS.*)

NOMS MASCULINS.

Radical.	*Désinences.*	
Mandat-	us	ordre, commandement.
Mors-	us	morsure.
Mot-	us	mouvement, agitation; émeute.
Nis-	us	effort.
Obit-	us	mort; coucher.
Object-	us	opposition, obstacle.
Occas-	us	chute, mort; couchant, occident.
Ornat-	us	ornement, parure; appareil.
Past-	us	pâture, nourriture.
Plaus-	us	applaudissement.
Principat-	us	primauté, principauté, commandement.
Prospect-	us	vue, perspective; prévoyance.
Puls-	us	battement; impulsion.
Recurs-	us	allée et venue; retour.
Redit-	us	retour; revenu, rente.
Ris-	us	rire, risée, moquerie.
Rogat-	us	prière.
Secess-	us	éloignement, solitude.
Senat-	us	sénat, lieu où il s'assemblait.
Sens-	us	sens, raison, pensée; signification.
Sex-	us	sexe.
Sin-	us	sein; milieu; pli; golfe.
Sit-	us	situation; moisissure.
Speculat-	us	action d'être en embuscade.
Stat-	us	attitude; état, situation.
Strepit-	us	bruit, éclat.
Success-	us	approche, voisinage; durée; succès.
Tractat-	us	maniement, traité.
Tract-	us	traînée, suite, rangée.
Tumult-	us	tumulte, trouble, sédition.
Ululat-	us	hurlement.
Vagit-	us	vagissement.
Venat-	us	chasse, pêche.
Vers-	us	vers, chant, verset.
Vestit-	us	habillement.
Volat-	us	vol, volée; course rapide.

NOMS ADJECTIFS ET ADVERBES.

Ire et IIe *Déclinaisons.*— (27)

(Ier TABLEAU.—*BONUS, A, UM.*)

				Désinences adverbiales.	
Acut-	us	a um	aigu; vif; rusé.	è, ùm	avec un son aigu; ingénieusement.
Adversari-	us	a um	ennemi, qui résiste.	è	d'une manière opposée.
Æstiv-	us	a um	d'été.	. . . . .	. . . .
Alien-	us	a um	étranger, contraire, désavantageux. .	. . . . .	. . . .
Agrari-	us	a um	qui concerne les champs.	. . . . .	. . . .
Alticinct-	us	a um	qui a retroussé sa robe; actif. . . .	. . . . .	. . . .
Alb-	us	a um	blanc, clair, pâle.	icanter	en blanchissant.
Angust-	us	a um	étroit, serré, rétréci.	è	étroitement, à l'étroit.
Annu-	us	a um	annuel.	. . . . .	. . . .
Annicul-	us	a um	d'un an.	. . . . .	. . . .
Antiqu-	us	a um	antique, ancien.	è, itùs	autrefois, jadis.
Arid-	us	a um	aride, sec, desséché.	è	d'une manière desséchante.
Assidu-	us	a um	assidu, continuel, fréquent.	è, ò	assidûment.
Astut-	us	a um	adroit, astucieux, trompeur.	è	avec ruse, par ruse.
Attic-	us	a um	d'Attique, Athénien.	è	poliment, avec élégance.
August-	us	a um	saint, religieux; auguste.	è	d'une manière auguste.
Auritul-	us	a um	qui a de petites oreilles.	. . . . .	. . . .
Avar-	us	a um	avare, intéressé, avide.	è, iter	avec avarice.

NOMS ADJECTIFS ET ADVERBES.

Ire *et* IIe *Déclinaisons.* — (27)

(Ier TABLEAU. — *BONUS, A, UM.*)

					Désinences adverbiales.	
Aversat-	us	a	um	qui se détourne pour ne pas voir.		
Avers-	us	a	um	détourné; opposé, ennemi.		
Barbar-	us	a	um	féroce, grossier, barbare.	è, icè	à la mode des barbares.
Barbat-	us	a	um	barbu; vieux, âgé.		
Bellicos-	us	a	um	belliqueux, vaillant.		
Bellic-	us	a	um	guerrier, de guerre.		
Bland-	us	a	um	flatteur, agréable, innocent.		
Calv-	us	a	um	chauve.		
Candidat-	us	a	um	vêtu de blanc, candidat.		
Can-	us	a	um	blanc, ancien.		
Carbonari-	us	a	um	de charbonnier.		
Carios-	us	a	um	carié, vermoulu.		
Cast-	us	a	um	chaste, pur, intègre.	è	avec intégrité.
Cav-	us	a	um	creux, profond.		
Caut-	us	a	um	avisé, rusé, qui est en garde.	è, ìm	avec précaution.
Cels-	us	a	um	haut, élevé, grand.	è	en haut.
Centuriat-	us	a	um	qui concerne une centurie.	ìm	par centuries.
Christian-	us	a	um	chrétien.	è	chrétiennement.
Cinædus-	us	a	um	impudique, effronté.		

Civic-	us	a	um	civique, de citoyen.		
Clandestin-	us	a	um	clandestin, secret, caché.	ò	à la dérobée, en cachette.
Clar-	us	a	um	clair, lumineux; illustre.	è	clairement, évidemment.
Classiari-	us	a	um	qui concerne la marine.		
Classic-	us	a	um	naval, de marine.		
Claud-	us	a	um	boiteux; irrégulier.		
Cœnos-	us	a	um	bourbeux, fangeux.		
Colonic-	us	a	um	de métairie, de laboureur.		
Colon-	us	a	um	propre à la culture.		
Commod-	us	a	um	commode, convenable	è, ò, ùm	d'une manière convenable.
Comos-	us	a	um	chevelu, garni de feuilles.		
Comparat-	us	a	um	préparé, acheté, comparé.		
Compitaliti-	us	a	um	de carrefour.		
Complex-	us	a	um	qui contient, qui embrasse.	è, ìm	en embrassant.
Concinn-	us	a	um	bien fait, joli, élégant.		
Conductiti-	us	a	um	loué, pris à la solde.		
Confert-	us	a	um	plein, rempli; serré.	è, ìm	d'une manière serrée.
Consentane-	us	a	um	conforme, propre, conséquent.	è	conformément.
Continuat-	us	a	um	continuel, continu; contigu.	anter, antè, ìm	sans interruption.
Contumelios-	us	a	um	outrageux, injurieux.	è	outrageusement.
Copios-	us	a	um	abondant, riche, opulent.	è	abondamment, largement.
Corne-	us	a	um	de corne, de cornouiller.		
Credul-	us	a	um	crédule.		
Crystalin-	us	a	um	de cristal, transparent.		
Curiat-	us	a	um	de curie, fait par les curies.	ìm	par curies, par quartiers.

NOMS ADJECTIFS ET ADVERBES.

Ire *et* IIe *Déclinaisons.* — (27)

(Ier TABLEAU.—*BONUS, A, UM.*)

					Désinences adverbiales.	
Curios-	us	a	um	curieux, avide de connaître.	è	soigneusement.
Decuman-	us	a	um	de dîme, de la 10e légion.		
Defessus-	us	a	um	fatigué, las, harassé.		
Delibut-	us	a	um	oint, frotté.		
Delicat-	us	a	um	délicat, délicieux; favori.	è	délicatement.
Delir-	us	a	um	qui est en délire.		
Devi-	us	a	um	écarté, détourné, impraticable.		
Disert-	us	a	um	éloquent, disert.	è, im	avec éloquence.
Div-	us	a	um	céleste, divin, qui prédit.		
Dolos-	us	a	um	trompeur, fourbe, rusé.	è	artificieusement.
Dubi-	us	a	um	douteux, périlleux.	è	d'une manière douteuse.
Eburne-	us	a	um	d'ivoire, blanc d'ivoire		
Eburn-	us	a	um	d'ivoire, blanc d'ivoire		
Effet-	us	a	um	qui a produit, épuisé.	è	mûrement, sans force.
Exacerbat-	us	a	um	aigri, irrité.		
Excels-	us	a	um	haut, élevé, sublime.	è	en haut.
Extern-	us	a	um	externe, étranger		
Factios-	us	a	um	actif; intriguant, factieux.		
Falern-	us	a	um	de Falerne.		

Facund-	us a um	éloquent. . . . . è	éloquemment.
Famelic-	us a um	affamé, famélique. . . . . è	en affamé.
Fastidios-	us a um	dégoûté, fastidieux. . . . . è	avec dédain.
Firm-	us a um	ferme, solide, fidèle. . . . . è, iter	avec fermeté.
Fervid-	us a um	ardent, brûlant, véhément. . . . . è	avec feu.
Festiv-	us a um	divertissant, enjoûé. . . . . è, iter	gaîment, avec enjouement.
Fid-	us a um	fidèle, sûr, assuré. . . . . è	fidèlement.
Finitim-	us a um	voisin, proche, contigu.	. . . .
Formidolos-	us a um	craintif; formidable. . . . . è	avec crainte.
Formos-	us a um	beau. . . . . è	avec grâce.
Fortuit-	us a um	fortuit, imprévu. . . . . ò, ù	par hasard.
Frigid-	us a um	froid, faible, sans goût. . . . . . è	froidement, languissamment.
Frivol-	us a um	frivole, fragile, inutile.	. . . .
Fulmine-	us a um	de foudre, comme la foudre.	. . . .
Gallinace-	us a um	de poule.	. . . .
Garrul-	us a um	qui gazouille, babillard.	. . . .
Gemin-	us a um	jumeau, double, pareil. . . . . . atìm	deux à deux.
Gemme-	us a um	de pierreries.	. . . .
German-	us a um	frère ou sœur de père et de mère. . è, itùs	en frère, de bon cœur.
Glorios-	us a um	glorieux, honorable; fier. . . . . è	avec orgueil.
Gramine-	us a um	de gazon, de verdure.	. . . .
Hædin-	us a um	de chevreau.	. . . .
Hispid-	us a um	velu, barbu, hérissé	. . . .
Hispidos-	ùs a um	(velu, barbu, hérissé)	
Honorific-	us a um	honoré, honorable, orné . . . . . . è	honorablement, par honneur.

NOMS ADJECTIFS ET ADVERBES.

Ire *et* IIe *Déclinaisons.* — (27)

(Ier TABLEAU. — *BONUS, A, UM.*)

					Désinences adverbiales.	
Horrid-	us	a	um	hérissé, sauvage; horrible.	è	d'une manière dure, âpre.
Hospit-	us	a	um	étranger, hospitalier	. . . . . .	. . . .
Ignar-	us	a	um	ignorant, imprudent.	. . . . . .	. . . .
Imbecill-	us	a	um	faible de corps ou d'esprit.	iter	faiblement.
Immatur-	us	a	um	prématuré, précipité.	è	prématurément.
Immodic-	us	a	um	immodéré, excessif.	. . . . . .	. . . .
Imparat-	us	a	um	qui n'est pas prêt.	. . . . . .	. . . .
Imperatori-	us	a	um	de général, impérial.	è	en général, en empereur.
Imperfect-	us	a	um	imparfait, non achevé.	è	imparfaitement.
Imperios-	us	a	um	impérieux, tyrannique.	è	impérieusement.
Implicit-	us	a	um	enveloppé, entrelacé.	è	d'une manière embrouillée.
Impun-it-	us	a	um	impuni	è, itè	impunément, sans danger.
Incaut-	us	a	um	imprudent, dont on ne se méfie pas .	è	imprudemment, par mégarde.
Incognit-	us	a	um	inconnu.	. . . . . .	. . . .
Inclyt-	us	a	um	célèbre, illustre.	. . . . . .	. . . .
Incorruptori-	us	a	um	non altéré, incorruptible	è	purement.
Inconsult-	us	a	um	qu'on n'a pas consulté, inconsidéré .	è, ò	à la légère, inconsidérément.

Incult-	us	a	um	inculte, sauvage; négligé.	è	sans ornement.
Incept-	us	a	um	maladroit, inepte, ridicule.	è	sottement, mal-à-propos.
Infacet-	us	a	um	insipide, mauvais plaisant.	è	grossièrement, sans grâce.
Inficiand-	us	a	um	niable, qu'il faut nier.		
Inficiat-	us	a	um	qui a nié.		
Infid-	us	a	um	infidèle, perfide; mal assuré.	è	sans foi.
Infand-	us	a	um	inexprimable, exécrable.	ùm	chose horrible à dire.
Infect-	us	a	um	imparfait; infecté, corrompu.		
Infim-	us	a	um	le plus bas, de basse condition.		
Ingenu-	us	a	um	naturel; naïf; libéral.	è	ingénûment, en personne libre.
Inglori-	us	a	um	sans gloire.		
Inhonest-	us	a	um	deshonnête, deshonorant.	è	malhonnêtement.
Inopinat-	us	a	um	inopiné, imprévu.	è, ò, anter	à l'improviste.
Insci-	us	a	um	qui ne sait pas, ignorant.		
Insidios-	us	a	um	qui dresse des embûches	è	par surprise.
Insolit-	us	a	um	qui n'est pas habitué, inusité.	è	contre la coutume.
Insuls-	us	a	um	fade, insipide, impertinent.	è	sottement.
Intact-	us	a	um	intact, entier, chaste.		
Intemperat-	us	a	um	insalubre, intempéré, excessif.	anter, è	immodérément.
Intempest-	us	a	um	calme; malsain, orageux		
Intentat-	us	a	um	non éprouvé, non tenté.		
Intent-	us	a	um	tendu, raidi, appliqué.	è	attentivement, fortement.
Intim-	us	a	um	intérieur, intime, ami.	è	intérieurement, intimement.
Invalid-	us	a	um	infirme, faible.	è	faiblement.

NOMS ADJECTIFS ET ADVERBES.

Ire *et* IIe *Déclinaisons.* —(27)

(Ier TABLEAU. — *BONUS, A, UM.*)

						Désinences adverbiales.
Invcrecund-	us	a	um	impudent, sans pudeur.	è	impudemment.
Invis-	us	a	um	odieux; qui n'a pas été vu.		
Iracund-	us	a	um	colère, emporté.	è, iter	avec colère.
Jucund-	us	a	um	agréable, aimable.	è	agréablement.
Lacrymabund-	us	a	um	tout en pleurs.		
Lateriti-	us	a	um	de brique.		
Lanific-	us	a	um	qui apprête la laine.		
Laureat-	us	a	um	couronné de lauriers.		
Larg-	us	a	um	copieux, abondant, prodigue.	è, iter, itùs	largement.
Lent-	us	a	um	flexible, lent; négligent.	è	lentement.
Lepid-	us	a	um	joli, ingénieux, plaisant.	è	avec esprit, plaisamment.
Libidinos-	us	a	um	capricieux; déréglé, licencieux.	è	d'une manière licencieuse.
Line-	us	a	um	de lin.		
Linte-	us	a	um	de toile, de linge.		
Liquid-	us	a	um	liquide, fluide, clair.	è, ò.	clairement, nettement.
Litterat-	us	a	um	lettré, savant; littéraire.	è	savamment.
Lucid-	us	a	um	clair, brillant, manifeste.	è	clairement.
Ludicr-	us	a	um	qui se fait par jeu; plaisant.	è	en badinant.
Luxurios-	us	a	um	fastueux, luxurieux.	è	avec molesse, dissolution.

Malefic-	us	a	um	malfaiteur, malfaisant.	è, iosè.	méchamment.
Malign-	us	a	um	stérile; malin.	è	avec avarice; malicieusement.
Marmore-	us	a	um	de marbre.		. . . .
Marti-	us	a	um	de Mars.		. . . .
Mascul-	us	a	um	mâle, virile; courageux. . . .		. . . .
Mercenari-	us	a	um	mercenaire.		. . . .
Mirabund-	us	a	um	émerveillé.		. . . .
Mœst-	us	a	um	triste, chagrin.	è	tristement.
Molest-	us	a	um	fâcheux, incommode; pénible. . .	è	avec peine, avec chagrin.
Music-	us	a	um	musical.		. . . .
Mut-	us	a	um	muet.		. . . .
Nasut-	us	a	um	qui a un grand nez; qui a du goût; railleur.	è	avec finesse.
Naufrag-	us	a	um	naufragé; ruiné.		. . . .
Necopin-	us	a	um	qui n'est pas sur ses gardes. . .		. . . .
Nefast-	us	a	um	illicite, défendu; malheureux. . .		. . . .
Nemoros-	us	a	um	couvert de bois.		. . . .
Nive-	us	a	um	de neige.		. . . .
Nociv-	us	a	um	nuisible, coupable.		. . . .
Noxi-	us	a	um			
Nocturn-	us	a	um	de la nuit, nocturne.		. . . .
Oblong-	us	a	um	oblong.		. . . .
Obnoxi-	us	a	um	coupable; nuisible; servile; exposé.	è	servilement; timidement.
Obsolet-	us	a	um	qui n'est plus à la mode; usé; souillé.	è	à la vieille mode.
Oleagin-	us	a	um	d'olivier, de couleur d'olive. . .		. . . .

NOMS ADJECTIFS ET ADVERBES.

Ire *et* IIe *Déclinaisons.* —(27)

(Ier TABLEAU. — *BONUS, A, UM.*)

					Désinences adverbiales.	
Onerari-	us	a	um	propre à porter des fardeaux.	. . .	. . .
Onust-	us	a	um	chargé, accablé; pesant.	. . .	. . .
Opinat-	us	a	um	à qui l'on pense.	ò	en y pensant.
Oriund-	us	a	um	originaire, issu, descendu.	. . .	. . .
Otios-	us	a	um	oisif, tranquille, oiseux.	è	à loisir, librement.
Palmat-	us	a	um	orné de palmes.	. . .	. . .
Parc-	us	a	um	avare, économe; modique.	è	mesquinement, avec réserve.
Pavid-	us	a	um	craintif, peureux, timide.	è	avec frayeur.
Plan-	us	a	um	plain, uni, plat; clair.	è	clairement, entièrement.
Peregrin-	us	a	um	étranger, passager.	. . .	. . .
Phalerat-	us	a	um	bardé, caparaçonné.	. . .	. . .
Poetic-	us	a	um	de poète.	è	poétiquement.
Poster-	us	a	um	suivant, qui vient après.	iùs	après, ensuite.
Præpilat-	us	a	um	arrondi par le bout.	. . .	. . .
Prætextat-	us	a	um	vêtu de la robe prétexte.	è	en enfant.
Prisc-	us	a	um	ancien, vieux, antique.	è	à l'antique.
Privat-	us	a	um	privé, propre, particulier.	è, ìm, ò	séparément, particulièrement.
Priv-	us	a	um	privé, propre, particulier.	. . .	. . .
Procer-	us	a	um	haut, long, allongé.	è	en long, en haut.

Profug-	us a um	fugitif, errant, exilé.		
Proper-	us a um	qui va vite, qui se hâte.	è, iter	promptement.
Proterv-	us a um	effronté, impudent.	è, iter	effrontément.
Provid-	us a um	prévoyant, prudent.	è	prudemment.
Pull-	us a um	de couleur brune.		
Quiet-	us a um	paisible, doux; serein.	è	en paix, tranquillement.
Ramos-	us a um	branchu, rameux.		
Residu-	us a um	restant, de reste.		
Retorrid-	us a um	ratatiné; rusé, retors.	è	avec une extrême sécheresse.
Rugos-	us a um	plein de rides, ridé.		
Rustican-	us a um	de paysan, champêtre.		
Rustic-	us a um	rustique, grossier, simple.	è	grossièrement.
Sambuce-	us a um	de sureau		
Sæv-	us a um	cruel, féroce.	è	cruellement.
Sauci-	us a um	blessé, malade.		
Scopulos-	us a um	plein d'écueils.		
Scutat-	us a um	qui porte un bouclier.		
Secundari-	us a um	du 2e ordre, de la 2e qualité.		
Secund-	us a um	second; heureux, favorable.	è, ò, ùm	secondement; heureusement.
Sedul-	us a um	soigneux, actif, empressé.	è, ò	soigneusement.
Senatori-	us a um	de sénateur.		
Semianim-	us a um	demi-mort.		
Senari-	us a um	de six.		
Seri-	us a um	sérieux, grave	ò	sérieusement, gravement.
Setos-	us a um	plein, couvert de soies, de poils		

NOMS ADJECTIFS ET ADVERBES.

Ire *et* IIe *Déclinaisons.* — (27)

(Ier TABLEAU. — *BONUS, A, UM.*)

			Désinences adverbiales.	
Soci-	us a um	de société, commun.	. . . . . .	. . . .
Sordid-	us a um	sale, malpropre, avare.	è	d'une manière mesquine.
Sorori-	us a um	de sœur.	. . . . . .	. . . .
Spurc-	us a um	sale, impur, vil.	è	salement, honteusement.
Squalid-	us a um	rude; inculte; rampant.	è	sans grâce, grossièrement.
Strigos-	us a um	maigre, décharné	. . . . . .	. . . .
Studios-	us a um	appliqué; qui desire; savant. . . .	è	avec soin, avec application.
Stult-	us a um	fou, imprudent, ignorant.	è	follement, imprudemment.
Subdol-	us a um	rusé, fourbe.	è	avec adresse, avec fourberie.
Sublici-	us a um	bâti sur pilotis	. . . . . .	. . . .
Suburban-	us a um	de faubourg	è	avec politesse.
Speculatori-	us a um	qui sert à découvrir	. . . . . .	. . . .
Suggest-	us a um	mis en monceau; ajouté.	. . . . . .	. . . .
Tabellari-	us a um	qui concerne les lettres, les tablettes.	. . . . . .	. . . .
Taciturn-	us a um	silencieux, taciturne.	. . . . . .	. . . .
Tartare-	us a um	infernal; du tartare.	. . . . . .	. . . .
Temer-	us a um	téméraire, imprudent.	è, iter	témérairement, au hasard.
Temporari-	us a um	temporaire, inconstant.	è	pour un temps.
Tenebricos-	us a um	caché, secret, ténébreux	. . . . . .	. . . .

Togat-	us a um	vêtu d'une toge.		
Tonsori-	us a um	de barbier.		
Torquat-	us a um	qui porte un collier		
Torv-	us a um	qui regarde de travers; menaçant.	à, è, iter	de travers.
Tranquillat-	us a um	pacifié		
Translatiti-	us a um	pris d'ailleurs; emprunté	è	négligemment.
Tremul-	us a um	tremblotant, tremblant.	è	en tremblotant.
Tribuniti-	us a um	de tribun		
Turbulent-	us a um	trouble, troublé; turbulent	è, er	avec turbulence.
Ultim-	us a um	le dernier, le plus reculé	è, ò, ùm	au dernier point; enfin.
Urban-	us a um	de ville; civil, poli	atìm, è	avec politesse.
Vacu-	us a um	vide, vacant; exempt de	è	vainement.
Van-	us a um	vain, inutile; léger	è	vainement.
Veget-	us a um	vigoureux; vif, actif.		
Venatic-	us a um	de chasse, de chasseur		
Venere-	us a um	de Vénus.		
Ventos-	us a um	plein de vent, de vanité	è	d'une manière enflée.
Venust-	us a um	gracieux, joli.	è	agréablement, avec grâce.
Verecund-	us a um	modeste, réservé	è, iter	avec pudeur, retenue.
Verend-	us a um	vénérable, respectable		
Vetust-	us a um	ancien, vieux		
Vidu-	us a um	frustré, dépouillé, privé de		
Vinolent-	us a um	ivre; plein de vin.		
Violace-	us a um	de couleur violette.		
Vitulin-	us a um	de veau.		

NOMS ADJECTIFS ET ADVERBES.

Ire *et* IIe *Déclinaisons.* — (27)

(Ier TABLEAU. — *BONUS, A, UM.*)

				Désinences adverbiales.	
Votiv-	us a um	voué, consacré par un vœu.			
Vulpin-	us a um	de renard, rusé.			

— IIIe *Déclinaison.* — (30) —

(IIIe TABLEAU. — *PRUDENS.*)

ADJECTIFS A UNE TERMINAISON.

Absen-s	t-	is	absent.		
Affluen-s	t-	is	qui coule vers; abondant.	ter	abondamment.
Anc-eps	ipit-	is	à deux faces, périlleux, irrésolu.		
Arden-s	t-	is	ardent, véhément, brillant.	ter	chaudement, passionnément.
Atro-x	c-	is	cruel, horrible, funeste.	citer	d'une manière atroce.
Capa-x	c-	is	spacieux ; capable; habile.	citer	avec étendue.
Compo-s	t-	is	qui est en possession de.		
Impo-	*t-*	*is*	qui ne possède pas.		
Contuma-x	c-	is	opiniâtre, rebelle, hautain.	citer	avec opiniâtreté.
Convenien-s	t-	is	convenable, conforme.	ter	convenablement.
Degener		is	dégénéré, lâche, indigne.		

Demen-s	t-	is	insensé, furieux.	ter	follement.
Desipien-s	t-	is	qui n'est pas sage, extravagant.	. . . .	. . . .
Dica-x	c-	is	railleur, diseur de bons mots.	. . . .	. . . .
Eda-x	c-	is	grand mangeur; qui dévore.	. . . .	. . . .
Exper-s	t-	is	dénué, dépourvu, privé.	. . . .	. . . .
Falla-x	c-	is	trompeur, fallacieux.	citer	faussement, par surprise.
Fuga-x	c-	is	fuyard, fugitif, passager.	citer	en fuyard.
Iner-s	t-	is	sans industrie, oisif, inerte.	. . . .	. . . .
Inopinan-s	t-	is	qui ne s'y attend pas.	ter	d'une manière inopinée.
Inop-s		is	pauvre, qui manque de.	. . . .	. . . .
Solen-s	t-	is	qui a coutume.	. . . .	. . . .
Insolen-s	*t-*	*is*	qui n'est pas accoutumé, insolent.	*ter*	contre l'usage, insolemment.
Jacen-s	t-	is	couché, mort, situé.	. . . .	. . . .
Liben-s	t-	is	qui fait volontiers.	ter	de bon gré.
Locuple-s	t-	is	riche en fonds de terre; fertile.	tissimè	très richement.
Loqua-x	c-	is	grand parleur, bavard.	citer	avec babil.
Menda-x	c-	is	menteur, faux, mensonger.	citer	faussement, en mentant.
Morda-x	c-	is	qui a l'habitude de mordre, satirique.	citer	d'une manière mordante.
Nocen-s	t-	is	nuisible, criminel, coupable.	ter	d'une manière nuisible.
Innocen-s	*t-*	*is*	qui ne nuit pas, innocent.	*ter*	innocemment.
Obsequen-s	t-	is	souple, obéissant, complaisant.	ter	avec ou par complaisance.
Obtrectan-s	t-	is	jaloux; calomniateur.	. . . .	. . . .
Occiden-s	t-	is	couchant; mourant.	. . . .	. . . .
Orien-s	t-	is	naissant, qui se lève, qui pousse.	. . . .	. . . .
Ovan-s	t-	is	qui triomphe, plein de joie.	ter	d'une manière triomphante.

NOMS ADJECTIFS ET ADVERBES.

IIIe *Déclinaison.* — (30).

(IIIe TABLEAU. — *PRUDENS.*)

				Désinences adverbiales.	
Palan-s	t-	is	errant, vagabond.		
Patien-s	t-	is	patient, endurant.	ter	patiemment.
Impatiens-	*t-*	*is*	qui ne peut endurer, impatient.	*ter*	impatiemment, avec peine.
Petulan-s	t-	is	pétulant, querelleur.	ter	insolemment.
Præstan-s	t-	is	excellent, éminent, qui surpasse.		
Pube-s	r-	is	qui est en âge de puberté.		
Impube-s	*r-*	*is*	qui n'est pas en âge de puberté.		
Soler-s	t-	is	industrieux, adroit, ingénieux.	ter	adroitement, avec industrie.
Sosp-es	it-	is	sain et sauf, échappé à un danger.		
Temperan-s	t-	is	tempérant, modéré, économe.	ter	avec tempérance.
Intemperan-s	*t-*	*is*	immodéré, déréglé.	*ter*	avec excès, sans mesure.
Tru-x	c-	is	affreux, farouche, féroce.		
Velo-x	c-	is	prompt à la course, vif.	citer	avec vitesse.
Vet-us	er-	is	vieux, ancien.		
Vigil		is	qui veille, vigilant.	anter	avec vigilance.

(IVe TABLEAU. — *FORTIS.*)

ADJECTIFS A DEUX TERMINAISONS.

Agrest-	is	e	champêtre, rustique, grossier.		
Alar-	»	»	qui concerne les ailes.		
Auxiliar-	»	»	auxiliaire, secourable		
Bilingu-	»	»	qui a deux langues, fourbe.		
Campestr-	»	»	de plaine; du champ de Mars.		
Capital-	»	»	mortel, capital.	iter	mortellement.
Cereal-	»	»	de Cérès, qui concerne le blé.		
Circular-	»	»	circulaire		
Com-	»	»	poli, affable, libéral.	iter	poliment, libéralement.
Compital-	»	»	de carrefour.		
Concinn-	»	»	bien fait, joli, élégant		
Confin-	»	»	limitrophe.		
Consular-	»	»	consulaire, de consul	iter	d'une manière digne d'un consul.
Contubernal-		»	qui loge sous la même tente, camarade.		
Cunal-	»	»	de berceau, d'enfant.		
Curul-	»	»	curule; de char, de chariot.		
Debil-	»	»	faible, infirme.	iter	languissamment.
Decemviral-	»	»	de décemvir	iter	en décemvir.
Deform-	»	»	difforme, hideux, honteux.	iter	d'une manière difforme.

NOMS ADJECTIFS ET ADVERBES.

IIIe *Déclinaison.* — (30)

(IVe TABLEAU. — *FORTIS.*)

				Désinences adverbiales.	
Docil-	is	e	docile.	iter	docilement.
Indocil-	»	»	indocile		
Equestr-	»	»	équestre, de chevalier		
Exanim-	»	»	mort, consterné		
Fatal-	»	»	fatal, funeste	iter	par ordre du destin.
Fecial-	»	»	qui concerne les hérauts-d'armes		
Fictil-	»	»	fait d'argile.		
Flebil-	»	»	digne d'être pleuré, lamentable	è, iter	d'une manière lamentable.
Funebr-	»	»	funèbre, de deuil, funeste		
Futil-	»	»	fragile, futile, inutile.	è, iter	avec futilité.
Habil-	»	»	commode à manier; convenable, habile.	iter	commodément, habilement.
Hiemal-	»	»	d'hiver		
Humil-	»	»	bas, rampant, lâche, humble	iter	d'une manière basse
Impub-	»	»	qui n'a pas l'âge de puberté.		
Imbell-	»	»	peu propre à la guerre, timide		
Imman-	»	»	féroce, énorme, prodigieux.	iter	inhumainement, prodigieusement.
Inan-	»	»	vide, frivole, vain	iter	vainement.
Inerm-	»	»	sans armes, désarmé, faible		

Intestabil-	»	»	incapable de tester, odieux, infame.		
Jocular-	»	»	plaisant, burlesque, ridicule	iter	en plaisantant.
Lev-	»	»	léger, de peu de valeur, inconstant.	iter	légèrement.
N. C. Megalens-	»	»	qui concerne les jeux de Cybèle		
Muliebr-	»	»	efféminé, lâche	iter	comme une femme.
Mural-	»	»	de mur, de muraille, mural		
Naval-	»	»	naval, qui concerne la marine.		
Nobil-	»	»	célèbre, fameux; noble	iter	noblement.
Ignobil-	»	»	inconnu, sans réputation, ignoble.	*iter*	avec bassesse.
Obsidional-	»	»	de siège, obsidional		
Parabil-	»	»	facile à obtenir.		
Reparabil-	»	»	réparable, qu'on peut réparer.		
Irreparabil-	»	»	irréparable		
Patruel-	»	»	de cousin-germain paternel		
Pedestr-	»	»	qui concerne les gens de pied		
Pedicular-	»	»	qui concerne les poux		
Placabil-	»	»	facile à apaiser.	iter	d'une manière propre à apaiser.
Implacabil-	»	»	implacable	*iter*	qu'on ne peut apaiser.
Popular-	»	»	populaire, commun, vulgaire	iter	avec affabilité.
Probabil-	»	»	probable, digne d'éloges	iter	probablement, d'une manière louable.
5 *Improbabil-*	»	»	qu'on ne saurait prouver, qu'on ne peut approuver.	*iter*	d'une manière non probable.
Putr-	»	»	pourri, en poussière.		
Procliv-	»	»	qui penche, enclin, porté à	è, ì, iter	en pente, aisément.

IIIe *Déclinaison.* — (30)

(IVe TABLEAU. — *FORTIS.*)

				Désinences adverbiales.	
Qual-	is	e	quel, que, tel que.	iter	comme, de même que.
Quirinal	»	»	de Romulus, quirinal.		
Regal-	»	»	royal, de roi	iter	royalement.
Rud-	»	»	raboteux, sans culture		
Sæcular-	»	»	séculaire.		
Segn-	»	»	lent, tardif, paresseux	iter	lentement, avec nonchalance.
Semianim-	»	»	demi-mort		
Semicircular-	»	»	demi-circulaire.		
Social-	»	»	qui concerne les alliés, sociable	iter	en bon camarade.
Solemn-	»	»	solennel, ce qui se fait d'habitude.	iter	solennellement.
Subalar-	»	»	qu'on peut cacher sous l'aisselle		
Sublim-	»	»	élevé, sublime, illustre	è, iter	en haut, d'une manière sublime.
Tal-	»	»	tel, pareil, semblable.	iter	tellement, de telle manière.
Tenu-	»	»	léger, mince, petit, délicat.	iter	légèrement, subtilement.
Virid-	»	»	vert, verdoyant, vigoureux	è	d'une couleur verte.
Viril-	»	»	viril, mâle, courageux	iter	en homme de cœur.
Vulgar-	»	»	vulgaire, commun, trivial	iter	vulgairement, communément.

Première Conjugaison. — (40 et 41)

(Ier TABLEAU. — *AMO.* (are — as)

Radical.	*Désinences.*			
Acerb-	o	avi	atum	aigrir, agacer, irriter.
Exacerb-	»	»	»	aigrir, aggraver.
(1) Agit-	»	»	»	chasser devant, mener; agiter.
Exagit-	»	»	»	poursuivre, harceler.
Peragit-	»	»	»	agiter fortement.
Subagit-	»	»	»	mouvoir sous soi.
Alien-	»	»	»	aliéner; céder; désunir.
Abalien-	»	»	»	vendre; éloigner; détacher.
Ampli-	»	»	»	augmenter, étendre, amplifier.
Amplific-	»	»	»	
Antiqu-	»	»	»	rejeter, désapprouver.
Appell-	»	»	»	appeler, citer, invoquer.
Appellit-	»	»	»	appeler souvent.
Ar-	»	»	»	labourer.
Exar-	»	»	»	déraciner, sillonner; écrire.
Asper-	»	»	»	rendre raboteux, hérisser.
Exasper-	»	»	»	aigrir, exaspérer.
Bajul-	»	»	»	porter un fardeau.
Calc-	»	»	»	fouler aux pieds.
Proculc-	»	»	»	
Calce-	»	»	»	chausser.
Excalce-	»	»	»	déchausser.
Cant-	»	»	»	chanter; jouer des instrumens.
Decant-	»	»	»	finir de chanter; répéter.
Excant-	»	»	»	évoquer; charmer, enchanter.
Recant-	»	»	»	chanter de nouveau; désenchanter
Castig-	»	»	»	châtier; polir.
Cess-	»	»	»	cesser; négliger; être en repos.
Cit-	»	»	»	exciter; provoquer; nommer.
Incit-	»	»	»	pousser; piquer; encourager.
Recit-	»	»	»	lire à haute voix; raconter.
Suscit-	»	»	»	susciter, exciter; ressusciter.
(2) Clamit-	»	»	»	criailler, clabauder.
Cognomin-	»	»	»	surnommer, donner un surnom.
Compil-	»	»	»	piller, dépouiller, recueillir.
Concili-	»	»	»	joindre; concilier; attirer; causer.

(1) Agere. (2) Clamare.

Première Conjugaison. — (40 et 41)

(Ier TABLEAU. — *AMO.*) — (are — as)

Radical.	*Désinences.*			
Concinn-	o	avi	atum	ajuster, parer; préparer.
Crem-	»	»	»	mettre le feu, embraser.
Crimin-	»	»	»	accuser, blâmer, invectiver.
Cur-	»	»	»	prendre soin, soigner.
Accur-	»	»	»	donner tous ses soins.
Concur-	»	»	»	soigner ensemble.
Procur-	»	»	»	administrer.
Decor-	»	»	»	décorer, embellir; honorer.
Dic-	»	»	»	dédier, consacrer.
Abdic-	»	»	»	abdiquer; désapprouver; déposer.
Dign-	»	»	»	estimer, juger digne.
(1) Dispal-	»	»	»	séparer, disperser, errer çà et là.
Dit-	»	»	»	enrichir, rendre riche.
Divin-	»	»	»	deviner, prédire, pressentir.
Duplic-	»	»	»	doubler, redoubler, augmenter.
Effemin-	»	»	»	efféminer, énerver; corrompre.
Enerv-	»	»	»	énerver, amollir.
Excus-	»	»	»	excuser, disculper, justifier.
Exhæred-	»	»	»	déshériter, exhéréder.
Extric-	»	»	»	démêler, débrouiller; exécuter.
Fabric-	»	»	»	fabriquer, construire, former.
Fatig-	»	»	»	fatiguer; importuner.
Defatig-	»	»	»	lasser, harasser.
Flagit-	»	»	»	demander avec importunité.
Efflagit-	»	»	»	prier, conjurer, solliciter.
Fl-	»	»	»	souffler; fondre.
Confl-	»	»	»	souffler ensemble; exciter, former.
Infl-	»	»	»	souffler dans, gonfler.
Fœder-	»	»	»	liguer, unir, faire alliance.
For-	»	»	»	trouer, percer.
Perfor-	»	»	»	percer de part en part.
Fraud-	»	»	»	frauder, tromper; priver.
Fren-	»	»	»	mettre un frein, brider; retenir.
Frequent-	»	»	»	fréquenter; répéter; peupler.
Fug-	»	»	»	mettre en fuite.
Fund-	»	»	»	fonder, bâtir; établir.

(1) Palari.

Première Conjugaison. — (40 et 41)

(1er TABLEAU. — *AMO.*) — (are — as)

Radical.	*Désinences.*			
Gubern-	o	avi	atum	conduire un vaisseau; gouverner.
Grav-	»	»	»	charger, appesantir.
Aggrav-	»	»	»	surcharger, augmenter.
Gust-	»	»	»	goûter, savourer.
Prægust-	»	»	»	goûter le premier.
Hæsit-	»	»	»	être arrêté; hésiter; délibérer.
Hebet-	»	»	»	émousser; obscurcir; affaiblir.
Honor-	»	»	»	honorer; récompenser; orner.
Idu-	»	»	»	diviser, séparer.
Infam-	»	»	»	diffamer, rendre infâme.
Initi-	»	»	»	initier, donner les élémens.
Inquin-	»	»	»	souiller; salir; corrompre.
Integr-	»	»	»	renouveler, recommencer.
Redintegr-	»	»	»	renouveler, rétablir.
Intr-	»	»	»	entrer, pénétrer.
Investig-	»	»	»	suivre la piste, découvrir.
Iter-	»	»	»	faire de nouveau, réitérer.
Jugul-	»	»	»	égorger.
Labor-	»	»	»	travailler; souffrir de; s'efforcer.
Elabor-	»	»	»	travailler avec soin, perfectionner
Lacer-	»	»	»	déchirer; démembrer; tourmenter
Lani-	»	»	»	déchirer, déchiqueter.
Lass-	»	»	»	lasser, fatiguer; se lasser.
Lax-	»	»	»	élargir, détendre, relâcher.
Relax-	»	»	»	desserrer, dilater.
Leg-	»	»	»	envoyer, députer.
Ableg-	»	»	»	éloigner, séparer.
Alleg-	»	»	»	députer, déléguer; alléguer.
Deleg-	»	»	»	charger de; substituer.
Lev-	»	»	»	élever, diminuer.
Elev-	»	»	»	lever, affaiblir.
Lib-	»	»	»	faire des libations; tâter; essayer.
Delib-	»	»	»	goûter; effleurer, essayer.
Lim-	»	»	»	limer; retrancher.
Loc-	»	»	»	placer; donner à bail.
Locuplet-	»	»	»	enrichir, rendre riche.

Première Conjugaison. — (40 et 41)

(Ier TABLEAU. — *AMO.* (are — as)

Radical.	*Désinences.*			
Lustr-	o	avi	atum	purifier par des aspersions; visiter.
Macer-	»	»	»	amollir, détremper; affaiblir.
Mact-	»	»	»	immoler, accabler; augmenter.
Memor-	»	»	»	raconter, rapporter.
Commemor-	»	»	»	faire souvenir; raconter.
Monstr-	»	»	»	montrer, enseigner, prouver.
Demonstr-	»	»	»	développer, démontrer.
Navig-	»	»	»	aller sur mer, naviguer.
Neg-	»	»	»	nier, désavouer.
Deneg-	»	»	»	dire que non, disconvenir.
Nobilit-	»	»	»	illustrer; donner du prix.
Nud-	»	»	»	mettre à nu.
Denud-	»	»	»	dépouiller, priver.
Numer-	»	»	»	compter.
Enumer-	»	»	»	dénombrer; calculer.
Pernumer-	»	»	»	compter; achever de payer.
Renumer-	»	»	»	recompter; rendre l'argent.
Objurg-	»	»	»	réprimander, reprocher.
Obscur-	»	»	»	obscurcir, voiler, envelopper.
Obstin-	»	»	»	opiniâtrer, s'obstiner.
Oner-	»	»	»	charger, emplir, combler de.
Opt-	»	»	»	choisir; souhaiter, desirer.
Coop-	»	»	»	associer, admettre, élire.
Exopt-	»	»	»	desirer vivement, préférer.
Peropt-	»	»	»	souhaiter fort.
Præopt-	»	»	»	aimer mieux; préférer.
Ordin-	»	»	»	arranger, disposer.
Orn-	»	»	»	orner.
Adorn-	»	»	»	embellir, préparer.
Perorn-	»	»	»	orner beaucoup; combler.
Suborn-	»	»	»	pourvoir; suborner, corrompre.
Ostent-	»	»	»	montrer, vanter, faire parade.
Patr-	»	»	»	faire; finir, achever.
Penetr-	»	»	»	pénétrer, percer.
Pens-	»	»	»	peser, examiner, compenser.
Dispens-	»	»	»	distribuer, disperser, disposer.

Première Conjugaison. — (40 et 41)

(Ier TABLEAU. — *AMO.* — (are — as)

Radical.	Désinences.			
Repens-	*o*	*avi*	*atum*	payer ; compenser, dédommager.
Plor-	»	»	»	pleurer, verser des larmes.
Deplor-	»	»	»	déplorer.
Ponder-	»	»	»	peser, examiner.
Popul-	»	»	»	ravager, saccager.
Put-	»	»	»	tailler ; penser ; juger.
Comput-	»	»	»	compter, calculer, chiffrer.
Disput-	»	»	»	tailler, discuter, discourir.
Imput-	»	»	»	supputer; imputer, attribuer.
Præcipit-	»	»	»	jeter, précipiter.
Priv-	»	»	»	priver, dépouiller, frustrer de.
Quass-	»	»	»	ébranler, secouer, agiter.
Recus-	»	»	»	refuser de recevoir ou de donner.
Reformid-	»	»	»	craindre, appréhender.
Repudi-	»	»	»	répudier, rejeter, refuser.
Reser-	»	»	»	ouvrir, découvrir; expliquer.
Rig-	»	»	»	arroser, baigner.
Rog-	»	»	»	interroger, demander, prier.
Prorog-	»	»	»	prolonger, proroger, différer.
Derog-	»	»	»	déroger, abolir, retrancher.
Sacr-	»	»	»	consacrer, vouer; maudire.
Desacr-	»	»	»	sacrer, dédier.
Resacr-	»	»	»	sacrer de nouveau.
Sacrific-	»	»	»	offrir un sacrifice.
Sagin-	»	»	»	engraisser, nourrir.
Sati-	»	»	»	rassasier, assouvir, dégoûter.
Segreg-	»	»	»	séparer, démêler, distinguer.
Separ-	»	»	»	séparer, mettre à part.
Sign-	»	»	»	marquer, graver.
Assign-	»	»	»	assigner; distribuer ; attribuer; sceller.
Consign-	»	»	»	signer,sceller;consigner; déposer.
Obsign-	»	»	»	cacheter ; consigner.
Persign-	»	»	»	cacheter ; consigner.
Præsign-	»	»	»	marquer d'avance.
Resign-	»	»	»	décacheter; dévoiler; rendre.

Première Conjugaison. — (40 et 41)

(Ier TABLEAU. — *AMO* (are — as)

Radical.	*Désinences.*			
Subsign-	*o*	*avi*	*atum*	noter; s'engager par écrit, hypothéquer.
Sordid-	»	»	»	salir, gâter.
Spect-	»	»	»	regarder.
Despect-	»	»	»	regarder avec mépris.
Inspect-	»	»	»	examiner, considérer.
Prospect-	»	»	»	regarder en avant, découvrir.
Respect-	»	»	»	regarder derrière.
Spir-	»	»	»	souffler, exhaler, aspirer.
Exspir-	»	»	»	exhaler, expirer.
Inspir-	»	»	»	souffler dans, inspirer.
Suspir-	»	»	»	exhaler, soupirer.
Stip-	»	»	»	épaissir; boucher, remplir.
Suffoc-	»	»	»	étouffer, suffoquer.
Supplic-	»	»	»	prier humblement, supplier.
Tract-	»	»	»	tirer avec violence; manier; exercer.
Detrect-	»	»	»	refuser de faire; rebuter; critiquer.
Retrect-	»	»	»	remanier, retoucher; rétracter.
Tranquill-	»	»	»	ramener le calme, tranquilliser.
Trunc-	»	»	»	couper par le bout.
Obtrunc-	»	»	»	couper la tête; tailler.
Tumultu-	»	»	»	faire du tumulte, se révolter.
Turb-	»	»	»	troubler, brouiller, agiter.
Conturb-	»	»	»	brouiller, inquiéter.
Tut-	»	»	»	protéger, garantir, conserver.
Vall-	»	»	»	palissader, fortifier.
Vast-	»	»	»	rendre désert, ravager.
Devast-	»	»	»	dévaster, désoler.
Vect-	»	»	»	voiturer, transporter.
Convect-	»	»	»	porter, charrier.
Vel-	»	»	»	couvrir, voiler; orner; pallier.
Vendit-	»	»	»	vendre souvent; prôner, vanter.
Verber-	»	»	»	battre de verges, fouetter.
Vidu-	»	»	»	dépouiller, priver, frustrer.
Vituper-	»	»	»	blâmer, censurer, critiquer.

Première Conjugaison. — (40 et 41)

(Ier TABLEAU. — *AMO.* (are — as)

Radical.	*Désinences.*			
Vocit-	o	avi	atum	appeler souvent.
Volut-	»	»	»	rouler, faire rouler.
Vulg-	»	»	»	divulguer, publier.
Vulner-	»	»	»	blesser, offenser.
Und-	»	»	»	ondoyer, faire des ondes.
Inund-	»	»	»	inonder, déborder, se répandre.

— VERBES ACTIFS IRRÉGULIERS. —

Consol-	o	s. parf. et s. sup.		consoler, adoucir.
Dom-	»	ui,	itum	dompter, dresser.
Perdom-	»	»	»	dompter entièrement, assujétir.
Plic-	»	avi, ui,	atum, itum	plier, plisser.
Applic-	»	»	»	appliquer, attacher, adosser.
Explic-	»	»	»	déplier, développer.
Implic-	»	»	»	entortiller, entrelacer.
Sec-		ui,	tum	couper, trancher, fendre.
Resec-	»	»	»	rogner, retrancher.
Ton-	»	»	itum	tonner.
Atton-	»	»	»	frapper de la foudre, étonner.
Venund-	»	edi,	atum	vendre, donner à vendre.

— VERBES NEUTRES RÉGULIERS. —

Bell-	o	avi	atum	faire la guerre.
Debell-	»	»	»	vaincre, subjuguer.
Clam-	»	»	»	crier.
Adclam-	»	»	»	s'écrier.
Proclam-	»	»	»	publier, proclamer.
Reclam-	»	»	»	réclamer.
Cithariz-	»	»	»	pincer de la harpe.
(1) Curs-	»	»	»	courir souvent.
Concurs-	»	»	»	roder, s'entrechoquer.

(1) Currere.

Première Conjugaison. — (40 et 41)

(Ier TABLEAU. — *AMO* (are — as)

Radical.	*Désinences.*			
Occurs-	*o*	*avi*	*atum*	aller au-devant, accourir.
Recurs- *Cursit-* *Recursit-*	»	»	»	courir çà et là ; revenir.
Discord-	»	»	»	être en discorde.
Dubit-	»	»	»	douter.
Addubit-	»	»	»	douter fort; balancer beaucoup.
Equit-	»	»	»	aller, monter à cheval.
Flagr- *Conflagr-*	»	»	»	brûler; être en feu; desirer ardemment.
(1) Fugit-	»	»	»	s'enfuir, courir, s'évanouir.
Latr-	»	»	»	aboyer, japper; crier.
Man-	»	»	»	couler; se divulguer; provenir.
Eman-	»	»	»	découler, émaner.
Migr-	»	»	»	émigrer; changer de lieu.
Demigr-	»	»	»	déloger, s'éloigner.
Emigr-	»	»	»	sortir de.
Immigr-	»	»	»	venir demeurer, se fixer.
Semigr-	»	»	»	quitter, se séparer.
Transmigr-	»	»	»	aller demeurer ailleurs.
Nat-	»	»	»	nager.
Adnat-	»	»	»	nager vers.
Enat-	»	»	»	se sauver à la nage.
Nause-	»	»	»	avoir des nausées, du dégoût.
Nut-	»	»	»	faire signe; chanceler.
Renut-	»	»	»	refuser par signe.
Pot-	»	»	»	boire.
Compot-	»	»	»	boire ensemble; s'imbiber.
Epot-	»	»	»	boire tout.
Pugn-	»	»	»	combattre.
Depugn-	»	»	»	livrer bataille.
Repugn-	»	»	»	résister, s'opposer.
Respir-	»	»	»	respirer; cesser; se ralentir.
Salt-	»	»	»	danser, sauter.
Exsult-	»	»	»	bondir, gambader.
Strig-	»	»	»	s'arrêter en marchant.

(1) Fugere.

Première Conjugaison. — (40 et 41)

(Ier TABLEAU. — *AMO* (are — as))

Radical.	Désinences.			
Trepid-	o	avi	atum	se hâter, palpiter.
Vac-	»	»	»	être vacant, exempt; vaquer, s'adonner.
Vent-	»	»	»	aller, venir souvent.
Advent-	»	»	»	s'approcher.
Convent-	»	»	»	se trouver souvent ensemble.
Subvent-	»	»	»	secourir, aider.
Ventit-	»	»	»	aller, venir fréquemment.
Veter-	»	»	»	vieillir.
Inveter-	»	»	»	être de garde; s'établir; se fortifier.
Vigil-	»	»	»	veiller, être vigilant.

— VERBES NEUTRES IRRÉGULIERS. —

Cub-	o	ui	itum	se coucher.
Accub-	»	»	»	être couché près.
Concub-	»	»	»	coucher avec.
Decub-	»	»	»	découcher.
Excub-	»	»	»	découcher, veiller.
Procub-	»	»	»	se coucher en avant, s'incliner.
Recub-	»	»	»	se recoucher; être étendu.
Secub-	»	»	»	coucher seul, à part.
Cunct-	»	s. p. et s. s.		temporiser, différer; s'arrêter.
Lab-	»	»	»	chanceler, vaciller.
Pull- / Pullul-	»	»	»	pulluler, produire.
Son-	»	ui	itum	résonner, retentir; célébrer.
Reson-	»	»	»	rendre un son, répondre au son.
St-	»	steti	statum	être debout, se tenir droit.
Antist-	»	*iti*	»	être au premier rang, surpasser.
Dist-	»	*eti*	*atum itum*	être éloigné; différer.
Exst-	»	*iti*	*itum*	être élevé au-dessus; subsister; paraître.
Obst-	»	»	*atum itum*	être devant, résister, s'opposer.

(1) Venire.

Première Conjugaison. — (40 et 41)

(Ier TABLEAU. — *AMO.* (are — as)

Radical.	*Desinences.*			
Prost-	*o*	*iti*	*itum*	s'avancer en dehors; être à vendre.
Rest-	»	»	»	s'arrêter; rester; résister.
Subst-	»	»	*atum*	être dessous, exister.
Superadst-	»	»	*itum*	se tenir au-dessus.

— VERBES ACTIFS RÉGULIERS. —

Deuxième Conjugaison. — (46 et 47)

(Ier TABLEAU. — *MONEO.* (ere — es)

Arc-	eo	ui	itum,	repousser; empêcher d'entrer.
Exerc-	»	»	»	travailler; exercer; inquiéter.
Coerc-	»	»	»	resserrer, réprimer, contraindre.
Mon-	»	»	»	avertir.
Common-	»	»	»	faire souvenir; remontrer.
Terr-	»	»	»	effrayer.
Conterr-	»	»	»	épouvanter.
Exterr-	»	»	»	intimider.

— VERBES ACTIFS IRRÉGULIERS. —

Cens-	eo	ui	um	être d'avis; faire le dénombrement.
Fov-	»	i	fotum	échauffer, entretenir; favoriser.
Refov-	»	»	»	réchauffer; ranimer; rétablir.
Misc-	»	ui	mixtum	mêler, mélanger; troubler.
Immisc-	»	»	»	mélanger; entremêler.
Intermisc-	»	»	»	entremêler; confondre.
Mord-	»	momordi	morsum	mordre; critiquer; chagriner.
Remord-	»	*i*	*sum*	mordre à son tour; avoir des remords.
Mov-	»	i	motum	mouvoir, agiter, remuer.

Deuxième Conjugaison. — (46 et 47)

(Ier TABLEAU. — *MONEO.* (ere — es)

Radical.	*Désinences.*		
Promov-	*eo i*	*motum*	pousser en avant; étendre.
Remov-	» »	»	déplacer ; éloigner ; repousser.
Mulc-	» mulsi	mulsum	rendre doux ; flatter, calmer.
Permulc-	» »	»	caresser, apaiser, apprivoiser.
Sorb-	» ui	ptum	humer, avaler.
Absorb-	» »	»	absorber, engloutir.
Ten-	» ui	tum	tenir, avoir, posséder.
Attin-	» »	»	retenir; concerner; appartenir.
Detin-	» »	»	retenir; retarder; détourner.
Obtin-	» »	»	posséder; gagner; obtenir.
Terg-	» si	sum	essuyer, nettoyer; curer.
Absterg-	» »	»	nettoyer ; laver, effacer.
Urg-	» »	»	presser, pousser.

— VERBES NEUTRES RÉGULIERS. —

Av-	eo s. p.	s. s.	desirer avec ardeur.
Cal-	» ui	itum	être chaud; avoir chaud.
Incal-	» »	s. s.	s'échauffer, devenir chaud.
Clar-	» »	s. s.	être clair; briller; se distinguer.
Eg-	» ui	s. s.	manquer, avoir besoin de.
Indig-	» »	»	manquer de ; être dans l'indigence.
Fet-	» s. p.	s. s.	sentir mauvais.
Langu-	» ui	s. s.	languir.
Elangu-	» »	»	s'affaiblir ; s'abattre.
Mer-	» ui	itum	mériter, acquérir.
Demer-	» »	»	gagner, se rendre digne.
Emer-	» »	»	achever son temps de service.

Deuxième Conjugaison. — (46 et 47)

(Ier TABLEAU. — *MONEO.* (ere—is)

Radical.	*Désinences.*			
Nit-	eo	ui	s. s.	reluire, briller; se distinguer.
Enit-	»	»	»	paraître avec éclat.
Put-	»	ui	s. s.	puer, sentir mauvais.
Putr-	»	»	»	pourrir, être pourri.
Rub-	»	ui	s. s.	être rouge.
Erub-	»	»	»	rougir de honte.
Salv-	»	s. p.	s. s.	être sain; se bien porter; saluer.
Splend-	»	ui	s. s.	resplendir, avoir de l'éclat.
Resplend-	»	»	s. s.	réfléchir l'éclat; briller.
Tum-	»	»	s. s.	être enflé, bouffi; s'enorgueillir.
Intum-	»	»	s. s.	se gonfler; s'emporter.

— VERBES NEUTRES IRRÉGULIERS. —

Indulg-	eo	si	sum, tum	être indulgent; s'adonner; accorder.
Mœr-	»	stus sum	»	être triste; s'affliger.
Pav-	»	vi	»	avoir peur, s'épouvanter.
Expav-	»	»	»	être saisi d'effroi.
Su-	»	evi	etum	avoir coutume.

VERBES ACTIFS.

Troisième Conjugaison. — (52 et 53)

(Ier TABLEAU. — *LEGO.* (ere — is)

Accers-	o	ivi	itum	mander, faire venir.
Acu-	»	i	tum	aiguiser; exciter, irriter.
Exacu-	»	»	»	affiler; aiguillonner, animer.
Præacu-	»	»	»	rendre très aigu.
Capess-	»	ivi	itum	s'efforcer de prendre, saisir.

Troisième Conjugaison. — (52 et 53)

(Ier TABLEAU. — *LEGO.* (ere — is)

Radical.	*Désinences.*			
Cing-	o	xi	ctum	entourer.
Succing-	»	»	»	ceindre, retrousser, environner.
Claud-	»	si	sum	fermer.
Circumclud-	»	»	»	enfermer, entourer.
Conclud-	»	»	»	renfermer, boucher; conclure.
Disclud-	»	»	»	séparer, diviser; fendre.
Includ-	»	»	»	clore, entourer.
Occlud-	»	»	»	clore, boucher.
Præclud-	»	»	»	fermer l'entrée; exclure.
Reclud-	»	»	»	ouvrir, découvrir, renfermer.
Seclud-	»	»	»	mettre à part; exclure; bannir.
Col-	»	ui	cultum	cultiver, honorer.
Accol-	»	»	»	habiter auprès.
Excol-	»	»	»	cultiver avec soin; orner, polir.
Præcol-	»	»	»	achever de polir; honorer.
Recol-	»	»	»	cultiver de nouveau; réparer; rappeler.
Com-	»	psi,	psum ptum	peigner; ajuster.
Cred-	»	idi	itum	croire.
Accred-	»	»	»	croire, se fier.
Concred-	»	»	»	confier, attribuer.
Dic-	»	xi	ctum	dire.
Contradic-	»	»	»	contredire, objecter.
Indic-	»	»	»	annoncer; convoquer, ordonner.
Duc-	»	»	»	mener, conduire.
Circumduc-	»	»	»	mener autour; prolonger.
Conduc-	»	»	»	conduire; prendre à bail; entreprendre.
Perduc-	»	»	»	conduire, amener.

Troisième Conjugaison. — (52 et 53)

(Ier TABLEAU. — *LEGO.* (ere — is)

Radical.	*Désinences.*			
Subduc-	*o*	*xi*	*ctum*	tirer, mener dessous; subjuguer.
Seduc-	»	»	»	tirer à l'écart; détourner; séduire.
Em-	»	i	ptum	acheter.
Dem-	»	*psi*	»	ôter, diminuer, retrancher.
Dirim-	»	*emi*	»	annoncer, convoquer, ordonner.
Exer-	»	ui	tum	tirer hors, montrer, arracher.
Fall-	»	fefelli	falsum	tromper.
Refell-	»	*i*	s. s.	rejeter, réfuter, contredire.
Fig-	»	xi	xum	ficher, attacher.
Affig-	»	»	»	attacher à, clouer.
Config-	»	»	»	attacher, percer.
Defig-	»	»	»	enfoncer.
Infig-	»	»	»	enfoncer, faire entrer; graver.
Præfig-	»	»	»	planter, attacher devant.
Refig-	»	»	»	détacher, arracher.
Fund-	»	fudi	fusum	répandre.
Affund-	»	»	»	répandre auprès.
Infund-	»	»	»	verser dans, introduire.
Diffund-	»	»	»	répandre, épancher.
Confund-	»	»	»	mêler ensemble, troubler.
Transfund	»	»	»	mêler d'un vase dans un autre; transmettre.
Ger-	»	gessi	gestum	porter, conduire.
Agger-	»	»	»	amonceler, entasser.
Deger-	»	»	»	porter, transporter.
Diger-	»	»	»	porter çà et là, arranger; digérer.
Inger-	»	»	»	porter, mettre dans.
Ogger-	»	»	»	présenter, offrir.

Troisième Conjugaison. — (52 et 53)

(Ier TABLEAU. — *LEGO.* (ere — is)

Radical.	*Désinences.*		
Præger-	o *gessi*	*gestum*	porter devant ; présenter.
Proger-	» »	»	porter dehors ; pousser, jeter.
Reger-	» »	»	reporter, rapporter, rejeter.
Sugger-	» »	»	fournir, suggérer, substituer.
Ic-	» i	tum	frapper, battre ; atteindre.
Imbu-	» i	tum	imbiber, mouiller, tremper.
Læd-	» si	sum	blesser, nuire.
Allid-	» »	»	heurter, froisser.
Illid-	» »	»	briser, heurter contre.
Lamb-	» bi	s. s.	lécher, lapper ; boire.
Lin-	» lini, levi	litum	enduire, oindre.
Oblin-	» *levi*	»	enduire, boucher.
Lud-	» si	sum	jouer.
Ablud-	» »	»	ne pas ressembler à.
Collud-	» »	»	jouer avec.
Elud-	» »	»	achever de jouer ; éviter, éluder.
Perlud-	» »	»	parcourir en jouant.
Prolud- / *Prælud-*	» »	»	préluder, essayer.
Mand-	» di	mansum	manger, mâcher.
Remand-	» »	»	remâcher, ruminer.
Merg-	« si	sum	plonger dans l'eau.
Demerg-	» »	»	enfoncer, couler à fond.
Immerg-	» »	»	submerger.
Submerg-	» »	»	submerger, noyer.
Metu-	» ui	s. s.	craindre.
Præmetu-	» »	»	craindre d'avance.
Minu-	» i	tum	diminuer, amoindrir.
Comminu-	» »	»	briser, fracasser, diminuer.
Diminu-	» »	»	diminuer, retrancher.
Mitt-	» si	ssum	envoyer.

Troisième Conjugaison. — (52 et 53)

(Ier TABLEAU. — *LEGO.* (ere — is)

Radical.	*Désinences.*			
Intromitt-	o	*si*	*ssum*	introduire, admettre.
Manumitt-	»	»	»	affranchir, mettre en liberté.
Prætermitt-	»	»	»	négliger, omettre.
Repromitt-	»	»	»	s'engager, promettre réciproquement.
Submitt-	»	»	»	soumettre; substituer.
Transmitt-	»	»	»	transmettre.
Pang-	»	xi pepigi	pactum	faire un traité, contracter; publier.
Comping-	»	*pegi*	»	pousser avec violence; joindre ensemble.
Depang-	»	*panxi*	»	enfoncer, ficher; détacher.
Imping-	»	*pegi*	»	heurter, pousser, appliquer contre.
Repang-	»	*panxi pegi*	»	replanter; renfoncer.
Pasc-	»	pavi	pastum	faire paître; paître; nourrir.
Compasc-	»	»	»	brouter ensemble.
Compesc-	»	*ui*	s. s.	arrêter, réprimer, modérer.
Depasc-	»	*pavi*	*pastum*	brouter, dévorer.
Dispesc-	»	*ui*	s. s.	retirer du pâturage; séparer.
Perpasc-	»	*pavi*	*pastum*	nourrir abondamment, repaître.
Pell-	»	pepuli	pulsum	chasser, bannir.
Appell-	»	*puli*	»	aborder, débarquer; approcher.
Dispell-	»	»	»	pousser çà et là, disperser, chasser.
Perpell-	»	»	»	pousser; émouvoir, persuader.
Pend-	»	pependi	pensum	peser, estimer; payer.
Append-	»	*pendi*	»	peser; donner au poids; suspendre.

Troisième Conjugaison. — (52 et 53)

(Ier TABLEAU. — *LEGO.* (ere — is)

Radical.	*Désinences.*		
Ping-	o xi	pictum	peindre.
Apping-	» »	»	ajouter à ce qui est peint.
Deping-	» »	»	dépeindre, décrire.
Plaud-	» si	sum	battre des mains, applaudir.
Applaud-	» »	»	
Plect-	» xi xui	xum	battre, punir; plier.
Implect-	» »	»	entrelacer.
Prem-	» pressi	pressum	presser, fouler, accabler.
Imprim-	» »	»	imprimer, empreindre, graver.
Prend-	» i	sum	prendre, saisir, s'emparer.
Pung-	» xi, pupugi	punctum	piquer, percer, aiguillonner.
Compung-	» *unxi*	»	aiguillonner; blesser; offenser.
Dispung-	» »	»	marquer d'un point; effacer.
Expung-	» »	»	raturer, biffer.
Repung-	» »	»	repiquer.
Rad-	» si	sum	racler, ratisser.
Erad-	» »	»	effacer en raclant.
Reg-	» xi	ctum	régir, gouverner; corriger.
Corrig-	» *exi*	»	adresser; rectifier, améliorer.
Dirig-	» »	»	tirer une ligne droite; ranger, régler.
Rod-	» rosi	rosum	ronger, déchirer.
Corrod-	» »	»	ronger, corroder.
Scand-	» di	sum	grimper, gravir, s'élever.
Ascend- *Conscend-*	» »	»	monter, s'élever.
Descend-	» »	»	descendre.
Inscend-	» »	»	monter dans ou sur.
Transcend	» »	»	traverser en montant.
Scind-	» scidi	scissum	fendre, trancher, diviser.
Abscind-	» »	»	déchirer, rompre.

Troisième Conjugaison.—(52 et 53)

(Ier TABLEAU. — *LEGO.* (ere — is)

Radical.	*Désinences.*			
Circumscend-	*o*	*scidi*	*scissum*	couper, trancher autour.
Discind-	»	»	»	rompre en morceaux ; partager.
Exscind-	»	»	»	déchirer, détruire.
Interscind-	»	»	»	couper par le milieu.
Perscind-	»	»	»	couper, partager tout-à-fait.
Proscind-	»	»	»	déchirer, mettre en pièces.
Rescind-	»	»	»	trancher de nouveau ; abolir.
Scisc-	»	scivi	scitum	savoir, apprendre.
Adscisc-	»	»	»	faire venir ; admettre ; s'arroger.
Conscisc-	»	»	»	arrêter d'un commun accord; amasser.
Descisc-	»	»	»	quitter; se révolter.
Præscisc-	»	»	»	savoir; ordonner d'avance.
Rescisc-	»	»	»	savoir; apprendre.
Sculp-	»	si	tum	sculpter, graver, ciseler.
Exsculp-	»	»	»	ciseler; sculpter en relief.
Insculp-	»	»	»	graver en creux; tracer.
Ser-	»	sevi	satum	semer, planter; exciter.
Asser-	»	»	*situm*	planter, enter.
Conser-	»	»	»	ensemencer; établir.
Disser-	»	»	»	semer de côté et d'autre; répandre.
Deser-	»	» »	»	planter, semer.
Inser-	»	» »	»	semer; greffer, enter.
Interser-	»	» »	»	semer entre, parmi.
Obser-	»	» »	»	semer, planter devant.
Perser-	»	» »	»	semer, divulguer.
Subser-	»	» »	»	semer auprès; ajouter.
Ser-	»	ui	tum	continuer; enchaîner; mettre en ordre.
Asser-	»	»	»	prendre; affirmer; attribuer.

Troisième Conjugaison. — (52 et 53)

(Ier TABLEAU. — *LEGO*. (ere — is)

Radical.	*Désinences.*			
Conser-	*o*	*ui*	*tum*	entrelacer, joindre.
Deser-	»	»	»	laisser, quitter, abandonner.
Disser-	»	»	»	parler, traiter, disserter.
Inser-	»	»	»	mettre dans, entremêler; greffer.
Interser-	»	»	»	entremêler; enclaver, insérer.
Sist-	»	stiti	statum	retenir, arrêter; placer.
Solv-	»	i	lutum	détacher; payer.
Absolv-	»	»	»	expédier, acquitter.
Dissolv-	»	»	»	délier; dissoudre, fondre.
Resolv-	»	»	»	dénouer, payer; résoudre.
Sparg-	»	si	sum	semer, répandre, diviser.
Disperg-	»	»	»	disperser.
Insperg-	»	»	»	répandre dans.
Resperg-	»	»	»	arroser.
Stingu-	»	xi	ctum	piquer; éteindre.
Distingu-	»	»	»	parsemer; tacheter; distinguer.
Extingu-	»	»	»	éteindre, étouffer, détruire.
Restingu-	»	»	»	éteindre.
String-	»	xi	strictum	serrer.
Abstring-	»	»	»	lâcher, délier, desserrer.
Astring-	»	»	»	lier à; astreindre.
Destring-	»	»	»	cueillir; nettoyer; critiquer.
Distring-	»	»	»	racler; critiquer; dégaîner.
Instring-	»	»	»	lier étroitement, garrotter.
Præstring-	»	»	»	serrer fortement; étrangler.
Perstring-	»	»	»	frapper; effleurer.
Restring-	»	»	»	réprimer, restreindre.

Troisième Conjugaison. — (52 et 53)

(Ier TABLEAU. — *LEGO.* (ere — is)

Radical.	*Désinences.*			
Substring-	o	*xi*	*strictum*	lier par-dessous ; plier en serrant.
Sug-	»	»	ctum	sucer, tetter.
Exsug-	»	»	»	attirer en suçant.
Sum-	»	psi	ptum	prendre.
Præsum-	»	»	»	prendre auparavant ; présumer.
Resum-	»	»	»	reprendre ; résumer.
Su-	»	sui	sutum	coudre, joindre.
Assu-	»	»	»	coudre à ; rapiécer.
Dessu-	»	»	»	découdre.
Resu-	»	»	»	recoudre.
Subsu-	»	»	»	coudre en dessous.
Teg-	»	xi	ctum	couvrir.
Conteg-	»	»	»	couvrir, cacher, dissimuler.
Obteg-	»	»	»	voiler.
Perteg-	»	»	»	couvrir entièrement,
Præteg-	»	»	»	couvrir par-devant.
Proteg-	»	»	»	protéger ; pallier.
Reteg-	»	»	»	dévoiler, découvrir.
Ter-	»	trivi	tritum	broyer, piler.
Atter-	»	»	»	frotter contre; user, miner.
Exter-	»	»	»	briser, froisser, amincir.
Inter-	»	»	»	broyer dedans.
Obter-	»	»	»	fouler, casser, détruire.
Perter-	»	»	»	rompre.
Tex-	»	ui	tum	mettre en tissu.
Attex-	»	»	»	faire un tissu; joindre.
Contex-	»	»	»	ourdir, tramer.
Detex-	»	»	»	entrelacer.
Extex-	»	»	»	défaire un tissu ; effiler.
Intex-	»	»	»	broder; introduire.
Obtex-	»	»	»	faire un tissu autour.
Pertex-	»	»	»	achever un tissu.

Troisième Conjugaison. — (52 et 53)

(Ier TABLEAU. — *LEGO.* (ere — is)

Radical.	*Désinences.*			
Prætex-	o	*ui*	*tum*	faire un tissu par-devant; prétexter.
Retex-	»	»	»	défaire un tissu; détruire; recommencer.
Subtex-	»	»	»	couvrir par un second tissu.
Toll-	»	sustuli	sublatum	lever, enlever.
Sustoll-	»	»	»	élever.
Trah-	»	xi	ctum	tirer, traîner.
Distrah-	»	»	»	séparer; distraire.
Retrah-	»	»	»	retirer, ramener.
Veh-	»	xi	ctum	charrier, porter, voiturer.
Aveh-	»	»	»	emmener, emporter.
Eveh-	»	»	»	porter dehors; de bas en haut.
Inveh-	»	»	»	porter dedans; attirer, amener.
Perveh-	»	»	»	porter, conduire à travers.
Proveh-	»	»	»	porter, pousser en avant.
Reveh-	»	»	»	rapporter, ramener.
Subveh-	»	»	»	porter en haut; remonter.
Transveh-	»	»	»	porter au-delà; transporter.
Vend-	»	idi	itum	vendre.
Divend-	»	»	»	vendre en détail.

— VERBES NEUTRES. —

Troisième Conjugaison. — (54 et 55)

Ardesc-	o	s p.	s. s.	prendre feu.
Exardesc-	»	»	»	s'enflammer.
Calesc-	»	inusit.	»	devenir chaud.
Incalesc-	»	*ui*	s. s.	s'échauffer, s'animer.
Cumb-	»	(inusit.)	»	
Concumb-	»	*bui*	*bitum*	coucher ensemble.

Troisième Conjugaison. — (54 et 55)

(Ier TABLEAU. — *LEGO.* (ere — is)

Radical.	*Désinences.*			
Decumb-	o	*bui*	*bitum*	être couché, être malad.
Recumb-	»	»	»	être étendu ; pencher s'affaisser.
Succumb-	»	»	»	succomber ; se soumett céder.
Curr-	»	cucurri	cursum	courir.
Decurr-	»	»	»	courir de haut en bas.
Excurr-	»	»	»	courir hors de, s'étendre.
Incurr-	»	*curri*	»	courir sur ; assaillir ; encourir.
Recurr-	»	»	»	courir en arrière ; revenir ; recourir.
Ditesc-	»	s. p.	s. s.	s'enrichir.
Fid-	»	i fisus sum	s. s.	se fier, se confier.
Confid-	»	»	»	avoir confiance.
Diffid-	»	»	»	se défier.
Præfid-	»	*i*	*sum*	se fier trop.
Subdiffid-	»	*fisus sum*	s. s.	se défier un peu.
Flu-	»	xi	xum	couler.
Difflu-	»	»	»	couler de côté et d'aut
Frem-	»	ui	itum	frémir, murmurer ; rugi
Confrem-	»	»	»	frémir ; bruire de tout parts.
Perfrem-	»	»	»	frissonner par tout corps.
Gem-	»	ui	itum	gémir, déplorer.
Ingem-	»	»	»	déplorer, se plaindre.
(1) Insid-	»	edi	sessum	s'asseoir, se poser sur.
Languesc-	»	s. p.	s. s.	devenir languissant.
Elanguesc-	»	»	»	s'affaiblir.
Lucesc-	»	»	»	faire jour.
Illucesc-	»	»	»	commencer à luire, à brler.
Mitesc-	»	»	»	mûrir ; s'adoucir.

(1) Sedeo.

Troisième Conjugaison. — (52 et 53)

(Ier TABLEAU. — *LEGO.* (ere — is)

Radical.	*Désinences.*			
(1) Notesc-	o	notui	s. s.	devenir connu.
Innotesc-	»	»	»	venir à la connaissance.
(2) Pavesc-	»	s. p.	s. s.	avoir peur.
Expavesc-	»	»	»	s'épouvanter.
Puerasc-	»	»	»	devenir enfant.
Repuerasc-	»	»	»	redevenir enfant, rajeunir.
Pullulasc-	»	»	»	pulluler, produire.
Pullulesc-	»	»	»	
(3) Putresc-	»	trui	»	se corrompre; être pourri.
Quiesc-	»	evi	etum	se reposer.
Acquiesc-	»	»	»	se reposer; consentir.
Conquiesc-	»	»	»	dormir; s'arrêter; se calmer.
Rep	»	si	tum	ramper, se traîner.
Direp-	»	»	»	se couler, se glisser.
Derep-	»	»	»	se traîner en bas.
Erep-	»	»	»	sortir en se traînant.
Irrep-	»	»	»	se glisser dans.
Obrep-	»	»	»	se glisser par adresse.
Prorep-	»	»	»	ramper en avant.
Subrep-	»	»	»	se glisser insensiblement.
(4) Rubesc-	»	bui	s. s.	devenir rouge.
Erubesc-	»	»	»	rougir de honte.
Serp-	»	si	tum	ramper.
Inserp-	»	»	»	se traîner dans ou sur.
Proserp-	»	»	»	se traîner en rampant.
Sid-	»	sidi sedi	s. s.	se percher; s'accroupir; couler bas.
Son-	»	s. p.	s. s.	résonner; signifier.
(5) Splendesc-		dui	»	resplendir, briller.
Exsplendesc-	»	»	»	reluire; se faire remarquer.
Strep-	»	ui	itum	faire du bruit.
Constrep-	»	»	»	faire grand bruit, retentir.
Instrep-	»	»	»	

(1) Noscere. (2) Pavere. (3) Putrere. (4) Rubere. (5) Splendere.

Troisième Conjugaison. — (52 et 53)

(Ier TABLEAU. — *LEGO.* (ere — is)

Radical.	*Désinences.*			
Obstrep-	*o*	*ui*	*itum*	faire un bruit importun; étourdir.
Perstrep-	»	»	»	faire vacarme.
Suesc-	»	suevi	suetum	avoir coutume.
Assuesc-	»	»	»	s'habituer, se faire à.
Desuesc-	»	»	»	se déshabituer.
Insuesc-	»	»	»	s'accoutumer.
Trem-	»	ui	s. s.	trembler, redouter.
Contrem-	»	»	»	
Verg-	»	s. p.	s. s.	pencher vers; être tourné vers.
Deverg-	»	»	»	pencher, incliner.
Everg-	»	»	»	verser.
Inverg-	»	»	»	tourner sur; verser.
Veterasc-	»	»	»	vieillir.
Inveterasc-	»	»	»	vieillir; séjourner longtemps; se fortifier.

— VERBES ACTIFS. —

Troisième Conjugaison. — (54 et 55)

(Ier TABLEAU (*bis*). — *ACCIPIO*, (ere — is)

Allic-	io	exi	ectum	allécher, attirer par caresses.
Elic-	»	*ui*	*itum*	tirer hors; faire sortir; rechercher.
Cap-	io	cepi	captum	prendre, saisir.
Concip-	»	»	»	prendre plusieurs choses ensemble; comprendre; concevoir.
Occip-	»	»	»	commencer.
Percip-	»	»	»	prendre, recueillir; comprendre.

Troisième Conjugaison. — (54 et 55)

(Ier TABLEAU (*bis*). — *ACCIPIO.* (ere — is)

Radical.	*Désinences.*			
Intercip-	*io*	*cepi*	*ceptum*	surprendre, intercepter.
Jac-	»	jeci	jactum	jeter.
Adjic-	»	»	jectum	lancer; ajouter.
Disjic-	»	»	»	jeter çà et là; disperser; dissiper.
Injic-	»	»	»	jeter dans ou sur.
Interjic-	»	»	»	jeter entre; interposer.
Fac-	»	feci	factum	faire.
Allicefac-	»	s. p.	s. s.	allécher, attirer par caresses.
Collabefac-	»	*feci*	*factum*	ébranler, terrasser.
Obstupefac-	»	»	»	étonner; rendre interdit;
Vacuefac-	»	»	»	vider; abolir.
Defic-	»	»	*fectum*	manquer; déserter; mourir.

— VERBES NEUTRES. —

Fug-	io	i	itum	fuir.
Aufug-	»	»	»	s'enfuir, se réfugier.
Defug-	»	»	»	éviter.
Perfug-	»	»	»	se réfugier dans, auprès, chez.
Profug-	»	»	»	s'enfuir loin.
Refug-	»	»	»	se réfugier; récuser.
Suffug-	»	»	»	s'enfuir dessous.
Subterfug-	»	»	»	s'enfuir dessous.
Transfug-	»	»	»	s'enfuir au-delà; déserter.
Sap-	»	ivi, ui	s. s.	avoir du goût; du sens; être sage.
Desip-	»	*ui*	»	être insipide, insensé.
Ci-	o	civi	citum	exciter, animer.
Acci-	»	*i*	»	appeler, mander; faire venir.

Quatrième Conjugaison. — (64 et 65)

(Ier TABLEAU. — *AUDIO.* (ire — is)

Radical.	*Désinences.*			
Conci-	*o*	*vi*	*citum*	émouvoir; convoquer.
Exci-	»	»	»	exciter, appeler.
Erudi-	»	vi	tum	instruire; enseigner.
Fastidi-	»	»	»	avoir du dégoût; rebuter; mépriser.
Fini-	»	»	»	achever; déterminer; borner.
Defini-	»	»	»	limiter; conclure; définir.
Præfini-	»	»	»	prescrire; régler.
Liguri-	»	»	»	manger les bons morceaux.
Abliguri-	»	»	»	dépenser; dévorer.
Obliguri-	»	»	»	consumer, dévorer.
Molli-	»	i, vi	tum	amollir, énerver.
Emolli-	»	»	»	énerver; adoucir.
Poli-	»	vi	»	cultiver; polir; embellir.
Depoli-	»	»	»	achever, parfaire.
Expoli-	»	»	»	perfectionner.
Perpoli-	»	»	»	mettre la dernière main.
Puni-	»	»	»	punir, châtier.
Sci-	»	vi	tum	savoir.
Consci-	»	»	»	se sentir coupable.
Desci-	»	»	»	ne pas savoir, ignorer.
Sepi-	»	i, vi,	tum itum	enclore, environner.
Circumsepi-	»	»	»	entourer.
Consepi-	»	»	»	palissader.
Dissepi-	»	»	»	diviser par des haies; fendre.
Intersepi-	»	»	»	enclore, enfermer.
Obsepi-	»	»	»	boucher, fermer par des haies.
Præsepi-	»	»	»	fortifier autour.
Sopi-	»	»	tum	assoupir, endormir.
Esuri-	»	»	»	être affamé.
Effuti-	»	vi	»	parler légèrement.

Quatrième Conjugaison. — (64 et 65)

(Ier TABLEAU. — *AUDIO.* — (ire — is)

Radical.	Désinences.			
Grunni-	o	vi	tum	grogner comme un cochon.
Digrunni-	»	»	»	contrefaire le grognement d'un cochon.
Lascivi-	»	civi	tum	être porté à la licence; sauter.
Muti-	»	vi	mutum	marmotter; murmurer.
Parturi-	»	i, vi	itum	être en travail d'enfant.
Præsagi-	»	vi	»	pressentir; présager.
Rugi-	»	i, vi	»	rugir comme un lion.
Servi-	»	i, vi	»	servir, être esclave.
Asservi-	»	*i*	»	seconder; s'assujétir.
Deservi-	»	»	»	être utile; soigner, s'appliquer.
Inservi-	»	*i, vi*	»	servir; s'appliquer; ménager.
Præservi-	»	»	»	rendre service d'avance.
Siti-	»	vi	itum	avoir soif; desirer beaucoup.

—VERBES NEUTRES IRRÉGULIERS.—

(Ve TABLEAU. — *EO.* (75)

E-	o	ii, ivi	itum	aller.
Coe-	*o*	*ivi*	»	aller ensemble.
Introe-	»	»	»	entrer.
Vene-	»	*ii, ivi*	*venum*	être vendu.

Abhinc,	d'ici; depuis.
Accuratè,	soigneusement.
Aliàs,	une autre fois; quelquefois; autrefois; ailleurs; d'ailleurs.
Aliquot,	quelques, quelques-uns.
Aliquantulùm,	tant soit peu.
Aliquoties,	quelquefois; de temps en temps.
Antehàc,	auparavant, jusqu'à présent.
Apprimà è ò	fort bien; surtout.
Capitulatìm,	sommairement.
Certatìm,	à l'envi, à qui mieux mieux.
Clam,	en secret, à la dérobée.
Comiter,	gaîment, poliment.
Compositò,	d'intelligence, d'accord.
Confestìm,	aussitôt, sans délai.
Conjunctè,	ensemble, conjointement; étroitement.
Contrà,	au contraire; autrement; vis-à-vis.
Copiosè,	abondamment, largement.
Coràm,	publiquement, ouvertement.
Dehinc,	désormais; ensuite; de là.
Demissè,	terre à terre; humblement.
Difficulter,	difficilement.
Dolosè,	avec fourberie.
Dudùm,	il y a peu de temps; déjà; depuis long-temps.
Elatè,	à haute voix; avec hauteur; d'un style élevé.
Eminùs,	de loin.
Exadversò ùm	à l'opposite, vis-à-vis.
Ferè,	presque, environ.
Festinanter,	à la hâte.
Frustrà,	en vain, inutilement.
Funditùs,	de fond en comble; entièrement.
Furtìm,	furtivement, à la dérobée.
Gratis,	gratuitement.
Hactenùs,	jusque-là; jusqu'ici; tellement, seulement.

Ideò,	pour cela.
Imprimìs,	en premier lieu.
Inhonestè,	malhonnêtement.
Initiò,	au commencement.
Intempestivè,	hors de saison; mal-à-propos.
Iratè,	avec colère; avec emportement.
Jampridem,	il y a déjà long-temps.
Magè,	plus, davantage; plutôt.
Magnoperè,	beaucoup, grandement.
Miserabiliter,	misérablement.
Molestè,	avec chagrin; avec peine.
Molliter,	mollement; lâchement.
Muliebriter,	comme une femme.
Nempè,	sans doute; à savoir; c'est-à-dire.
Nihilominùs, Nihilosecius,	néanmoins, toutefois; pas moins.
Nimirùm,	certainement, savoir.
Nominatìm,	nominativement, expressément.
Nonunquàm,	quelquefois.
Nuper,	depuis peu, dernièrement.
Nunquàm,	ne jamais.
Obliquè,	obliquement; indirectement.
Ornatè,	avec élégance.
Passìm,	pêle-mêle; çà et là.
Partìm,	en partie.
Paulùm,	un peu.
Peræquè,	également.
Pereleganter,	très élégamment.
Pertinaciter,	avec opiniâtreté.
Præsertìm,	surtout, principalement.
Præterquàm,	hormis, à l'exception.
Præcariò,	précairement, par emprunt.
Proindè,	c'est pourquoi, ainsi donc.
Profectò,	certainement, sans doute.
Promptè,	promptement; facilement.
Propediem,	bientôt, au premier jour.
Propemodò ùm	presque.
Propterea,	pour cela, parce que.

Protinàm	ìs ùs	de suite; immédiatement; d'abord.
Prorsùs,		directement, entièrement; généralement.
Proùt,		selon que, comme.
Quandò,		quand, lorsque, puisque.
Quantì,		combien.
Quemadmodùm,		comme, de même que; comment.
Quì,		afin, pour; comment.
Quoàd,		autant que, jusqu'à ce que.
Quodammodò,		en quelque façon.
Quondàm,		autrefois; un jour.
Quotiescumquè,		toutes les fois que.
Quotiesquè,		
Reverà,		en effet, effectivement.
Repentè	inè, inò	soudain; tout-à-coup; aussitôt.
Retrò,		par-derrière, à reculons.
Ritè,		bien; dans les formes convenables.
Saltem,		au moins, du moins.
Scienter,		savamment, sciemment; exprès.
Seciùs,		moins; aussi bien, également.
Secretò	è, ìm	secrètement, à part.
Secùs,		autrement, d'une autre manière.
Separatè,	ìm	séparément; en particulier.
Serò,		tard; sur le soir.
Solùm,		seulement.
Stolidè,		sottement, en étourdi.
Subindè,		ensuite, bientôt; de temps en temps.
Totiès,		autant de fois, tant de fois.
Turmatìm,		par escadrons; en foule:
Ultrà,		de plus, davantage, outre cela.
Ultrò,		de son propre mouvement.
Usquàm,		en quelque lieu.
Usquè,		toujours; jusque.
Utrobiquè,		dans les deux côtés.

Valdè	iùs	beaucoup, extrêmement; fort bien.
Videlicet,		par exemple; certes; c'est-à-dire.
Viritìm,		par tête; séparément.
Vulgò,		partout; vulgairement, publiquement.

FIN.

IMPRIMÉ CHEZ PAUL RENOUARD,
RUE GARENCIÈRE, N° 5, F. S.-G.

NOTICE

DE QUELQUES OUVRAGES

Qui se trouvent chez les mêmes libraires.

ALMANACH de M. Montyon, contenant le recit des actes de vertu couronnés par l'Académie française, etc. in-18. . . . 50 c.

BONIFACE, Lecture graduée pour les enfans, orthographe régulière, in-8. . . . . 1 fr.

——— Deuxième partie, orthographe irrégulière, in-8. . 2 fr.

——— Introduction à l'étude de la géographie, 1 vol. in-12, avec des pl. coloriées. . . . . 4 fr.

BOSSUET, Oraisons funèbres, avec des commentaires, par P.-F. De Calonne, 2 vol. in-12. . . . . 5 fr.

Ouvrage adopté par le conseil royal de l'Université.

CARACTÈRES de Labruyère et de Théophraste. *Paris*, 1818, 3 vol. in-18. . . . . 3 fr. 75 c.

DEGÉRANDO (M. le baron), membre de l'Institut. Du Perfectionnement moral ou de l'Éducation de soi-même. Seconde édition. *Paris*, 1826, 2 vol. in-8. . . . . 14 fr.

—— Visiteur du pauvre. Seconde édition. 1 vol. in-8. . . 7 fr.

DESCARTES. Discours de la méthode pour bien conduire sa raison, et chercher la vérité dans les sciences. Nouvelle édition, précédée d'une notice biographique, par M. A. Michelot. *Paris*, 1825, 1 vol. in-18 . . . . 2 fr.

——— Méditations métaphysiques. Nouvelle édition. *Paris*, 1825, 1 vol. in-18 avec portrait . . . . 2 fr. 50 c.

DROZ (J.) de l'Académie française. Essai sur l'art d'être heureux. Quatrième édition. *Paris*, 1825, 1 vol. in-18. . . . 3 fr.

DROZ (J). De la Philosophie morale ou des différens systèmes sur la science de la vie. Troisième édition. 1825, 1 vol. in-18. 3 fr.

Droz (J.) Œuvres complètes. 1826, 2 vol. in-8. . . . . 14 fr.

L'enseignement du Dessin linéaire, d'après une méthode applicable à toutes les écoles primaires, quel que soit le mode d'instruction qu'on y suit, par L.-B. Francœur, professeur de la faculté des sciences, 1 vol. in-8. avec un atlas de 12 planches. 7 fr.

Fénelon, aventures de Télémaque. Paris 1810, 2 vol. in-12. 4 fr.

Franklin, la Science du Bonhomme Richard, in-18. . . . 25 c.

—Conseils pour faire fortune, suivis de l'ordonnance de Louis XVIII sur la caisse d'épargnes et de prévoyance, in-18. . . . . 25 c.

Gaultier (abbé). Cours d'études élémentaires, comprenant la lecture, l'écriture, l'arithmétique, la géométrie, les langues française, latine, italienne, la géographie, la chronologie et l'histoire, l'art de penser et d'écrire, etc., etc., 21 vol. in-18; 6 vol. in-12, 8 cahiers in-fol. étuis, atlas, etc. . . . . 60 fr.

Chacun des ouvrages se vend séparément.

Histoire ancienne, par M. Ch. du Rozoir, professeur d'histoire au collège royal de Louis-le-Grand, professeur-suppléant à la faculté des lettres. — Ouvrage adopté par le conseil de l'instruction publique. Tome 1 contenant l'histoire des Juifs, des Egyptiens, des Assyriens, des Babyloniens, des Mèdes, des Lydiens, des Perses et des Grecs, jusqu'au règne de Darius, fils d'Hystaspes, 1 vol. in-8.. . . . . 7 fr. 50 c.

Histoire romaine, depuis la fondation de Rome jusqu'à l'établissement de l'empire, par M. Auguste Poirson, professeur d'histoire au collège royal d'Henri IV, ouvrage adopté par le conseil de l'instruction publique pour l'enseignement de l'histoire romaine dans les collèges royaux et particuliers de France. — Tomes 1 et 2; 2 vol. in-8. . . . . 14 fr.

(Le tome 3 est sous presse, il sera suivi de l'Histoire des Empereurs, par M. Cayx.)

Histoire générale du moyen âge, par C.-O. Desmichels, professeur au collège royal d'Henri IV. Tome 1 contenant les démembremens de l'empire romain, par les barbares du Nord et les musulmans; l'établissement de la religion chrétienne et du mahométisme, et la formation d'un nouvel ordre social, 1 v. in-8. 7 fr.

(*Les tomes suivans seront publiés successivement dans le cours de l'année.*)

ABRÉGÉ DE L'HISTOIRE GÉNÉRALE DES TEMPS MODERNES depuis la prise de Constantinople par les Turcs, 1453, jusqu'à la fin de la guerre d'Amérique en 1783, par M. Ragon, professeur d'histoire au collège royal de Bourbon. Tomes 1, 2 et 3, 3 vol. in-8. 18 fr.

Le tome 4 est sous presse.

PRÉCIS de l'histoire ancienne, par MM. Poirson et Cayx, professeurs d'histoire aux collèges royaux d'Henri IV et de Charlemagne 1 vol. in-8. . . . . 4 fr.

MANUEL de l'histoire du moyen âge, pour servir à l'étude et à l'enseignement de l'histoire générale, et particulièrement à l'histoire de France, dans les collèges de l'Université; par M. Des Michels, professeur d'histoire au collège royal d'Henri IV. 1 vol. in-8. . . . . 3 fr. 50 c.

TABLEAU CHRONOLOGIQUE de l'histoire moderne, depuis la prise de Constantinople par les Turcs jusqu'à la révolution française, 1453-1789, par M. Michelet, professeur d'histoire au collège de Sainte-Barbe. 1 vol. in-8, accompagné de dix-huit tableaux synchroniques . . . . 5 fr. 50 c.

TABLES SYNCHRONISTIQUES, à l'usage des cours d'histoire ancienne et moderne dans les collèges royaux; par un professeur d'histoire . . . . 3 fr.

ABRÉGÉ MNÉMONIQUE de l'histoire de France, avec 68 portraits et 72 médaillons emblématiques, et le tableau explicatif des emblèmes, par madame de Saint-Ouen. 1 vol. in-12. 10 fr. 50 c.

TABLEAUX MNÉMONIQUES de l'histoire de France, composés de 140 médaillons chronologiques, contenant le portrait de chaque roi et les principaux évènemens de chaque règne, indiqués par différens emblèmes; par madame de Saint-Ouen. — Sur cinq feuilles grand-aigle. . . . . 9 fr.

— Avec le volume de texte de l'histoire abrégée. . . . 14 fr.

Lamp, tables synchronistiques de l'histoire universelle et moderne. *Strasbourg*, 1825, 1 vol. in-4. . . . . 5 fr.

Exposé analytique des méthodes de l'abbé Gaultier, ouvrage destiné à faire connaître l'esprit et l'ensemble de ces méthodes, et à servir de guide aux parens et aux instituteurs qui en adoptent l'usage; par M. L.-P. de Jussieu. 1 vol. in-8. . 4 fr. 50 c.

Jussieu (L.-P. de) Simon de Nantua ou le Marchand forain. Quatrième édition, 1 vol. in-12. . . . . 2 fr. 25 c.

Antoine et Maurice, ouvrage qui a obtenu le prix proposé par la Société royale pour l'amélioration des prisons, en faveur du meilleur livre destiné à être donné en lecture aux détenus, par M. L.-P. de Jussieu. 1 vol. in-12. . . . . 2 fr. 50 c.

Choix de morceaux en prose et en vers, à l'usage des écoles primaires, adopté par l'Université. 1 vol. in-12 . . . 75 c.

Conseils aux mères sur l'éducation de la première enfance, traduit de l'anglais sur la sixième édition. 1 vol. in-12 . . 2 fr.

Ester wilmoth, ou les heureux effets d'une bonne éducation, in-18 cartonné . . . . 60 c.

Le joueur a Paris, ou les Jeux dans leurs conséquences sur la moralité des individus et la fortune des familles, par M. A. Vivien, avocat à la cour royale d'Amiens. Ouvrage couronné par la Société de la morale chrétienne. 1 vol. in-18. 1 fr. 80 c.

Les chances de la loterie, ou la famille Bréval et le curé de Fresnes, par M. Lefebure, 1 vol. in-18. . . . . 1 fr. 80 c

Le village de Valdoré, ou Sagesse et Prospérité, imité de l'allemand, par M. P.-L. de Jussieu. 1 vol. in-18 . . 1 fr. 50 c.

Petit manuel de morale élémentaire, contenant douze leçons et trois histoires, avec des séries de questions, propres à exercer à-la-fois la mémoire et l'intelligence des enfans. 1 vol. in-12. 1 fr. 25 c.

Gymnastique élémentaire, ou Cours analytique et gradué

d'exercices propres à développer et à fortifier l'organisation humaine, etc., par M. Clias, professeur de gymnastique de l'Académie de Berne. 1 vol. in-8., avec 13 pl. . . . 7 fr. 50 c.

HISTOIRE DE PIERRE GIBERNE, ancien sergent de grenadiers français, ou Quinze jours aux Invalides, publiée pour l'instruction et l'amusement du soldat de l'armée française; par L.-P. de Jussieu. 1 vol. in-12 . . . . 3 fr.

HISTOIRE DE JOSEPH, à l'usage des Écoles primaires, ouvrage recommandé par l'Université. 1 vol. in-12, avec une carte de la Terre-Sainte . . . . 1 fr. 50 c.

HISTOIRE DU PETIT JACK, par l'auteur de Sandford et Merton; traduit de l'anglais. 1 vol. in-18 . . . . 60 c.

FAMILLE (la) de Guillaume Harris, ou la bonne grand'mère. 1 vol. in-12, avec fig . . . . 2 fr. 50 c.

JOUY, de l'Académie française. Jeux de cartes instructives, savoir: Lecture, Géographie, Chronologie, Histoire sainte, Nouveau-Testament, Mythologie, Histoire ancienne, romaine, des empereurs, de France, d'Angleterre, Histoire des animaux, Musique. Prix de chacun des treize jeux avec un étui. . . . 2 fr.

LAFONTAINE, Fables, 2 vol. in-12 avec 266 figures . . 7 fr. 50 c.

LEVY, Enigmes historiques, géographiques, mythologiques, etc., à l'usage des colléges et des maisons d'éducation, in-18 cart. 1 f. 50 c.

MORCEAUX CHOISIS DE BUFFON, ou Recueil de ce que ses écrits offrent de plus parfait sous le rapport du style et de l'éloquence, 1 vol. in-18 avec 55 fig. . . . . 2 fr. 25 c.

MORCEAUX CHOISIS DE MASSILLON, ou Recueil de ce que ses écrits offrent de plus parfait sous le rapport du style et de l'éloquence, 1 vol in-18. . . . . 2 fr.

MOREAU, HISTOIRE DE FRANCE, représentée en 167 gravures, avec le texte au bas de chaque gravure, in-4., cart. . . . . 22 fr.

PENSÉES DE PASCAL. 2 vol. in-18 . . . . 3 fr.

RENOUARD (A.-Ch.) Elémens de morale. Deuxième édition, 1 vol. in-12. . . . . 2 fr. 25 c.

Renouard (A.-Ch.) Considérations sur les lacunes de l'éducation secondaire en France, 1 vol. in-8. . . . . . . 2 fr. 50 c.

Saint-Réal, conjuration contre Venise. Conjuration des Gracques. *Paris*, 1803, in-18 pap. vélin. . . . . 3 fr.

Ciceronis, cato major seu de Senectute; Somnium Scipionis; Lælius seu de amicitia; Paradoxa. *Paris*, 1796. 2 vol. in-18, pap. vélin, port. . . . . 5 fr.

Ciceronis in Catilinam orationes; Porcii Latronis in Catilinam declamatio. *Paris*, 1795, in-18 pap. vélin, port. . . . 4 fr.

Cornelii Nepotis vitæ excellentium imperatorum. *Paris*, 1796, 2 vol. in-18. . . . . 7 fr.

Gueroult. Discours choisis de Cicéron, latin-français. *Paris*, 1820, 2 vol. in-8 . . . . 12 fr.

— Histoire naturelle des Animaux, traduit de Pline, avec le texte en regard, 3 vol. in-8. . . . . 15 fr.

Institution des Enfans, ou distiques latins de Muret, avec leur traduction en vers, en cinq langues, in-12 cart. . . 1 fr. 10 c

Salustii Catilina. *Paris*, 1801, in-12, br. . . . . . . 3 fr.

Selecti e sacris scripturis versiculi, ad usum studiosæ juventutis, cum notis brevissimis, 2 tomes en 1 vol. in-12. . . . 3 fr.

Ouvrages couronnés par la société pour l'instruction élémentaire.

En 1826 :

Minéralogie populaire, ou Avis aux cultivateurs et aux artisans sur les terres, les pierres, les sables, les métaux, etc.; par C. Brard. 1 vol. in-18. . . . . 40 c.

30 fr. les 100 exemplaires.

Notions générales et élémentaires sur le Droit français. — État des personnes, par M. Bellet. In-18 . . . . . . 40 c.

30 fr. les 100 exemplaires.

Leçons de morale pratique, à l'usage des classes industrielles; par Abel Dufresne. In-18. . . . . 25 c.

20 fr. les 100 exemplaires.

Principes généraux d'économie publique et industrielle, par P.-H. Suzanne. In-18. . . . . 40 c.

30 fr. les 100 exemplaires.

La vaccine justifiée, ou le Père de Famille et son Médecin. In-18, avec gravure . . . . 50 c.

40 fr. les 100 exemplaires.

Explication morale des proverbes populaires français, par M. Basset. 1 vol. in-18 . . . . 40 c.

30 fr. les 100 exemplaires.

En 1827 :

Histoire de France depuis l'établissement de la monarchie jusqu'à nos jours; accompagnée de 70 portraits des rois, par madame de Saint-Ouen. 1 vol in-18. . . . . 60 c.

50 fr. les 100 exemplaires.

La Loterie dévoilée, par M. Quentin. 1 vol. in-18. . . . 40 c.

30 fr. les 100 exemplaires.

Les Soirées du Dimanche, ou le Curé de village, par mademoiselle Celnart. 1 vol. in-18. . . . . 40 c.

30 fr. les 100 exemplaires.

Conseils sur la santé, ou Hygiène des classes industrielles, par M. Constant Saucerotte. 1 vol. in-18 . . . . . . 40 c.

30 fr. les 100 exemplaires.

PRIX : 50 C. ET 40 FR. 100 EX.

www.ingramcontent.com/pod-product-compliance
Lightning Source LLC
LaVergne TN
LVHW020411230826
846091LV00004B/1235

9782013372923